# 失落的
# 百年致富经典

## 改变无数人命运的
## 神奇财富法则

【美】华莱士·沃特尔斯 【美】乔治·克拉森◎著

王宇◎编译

民主与建设出版社
·北京·

© 民主与建设出版社，2023

**图书在版编目（CIP）数据**

失落的百年致富经典（美）华莱士·沃特尔斯，（美）乔治·克拉森著；王宇编译. -- 北京：民主与建设出版社，2023.9（2024.5重印）

ISBN 978-7-5139-4281-2

Ⅰ.①失… Ⅱ.①华… ②乔… ③王… Ⅲ.①商业经营 – 通俗读物 Ⅳ.①F715-49

中国国家版本馆CIP数据核字（2023）第136244号

**失落的百年致富经典**
SHILUO DE BAINIAN ZHIFU JINGDIAN

| | |
|---|---|
| 著　　者 | ［美］华莱士·沃特尔斯　［美］乔治·克拉森 |
| 编　　译 | 王　宇 |
| 责任编辑 | 郭丽芳　周　艺 |
| 封面设计 | 刘红刚 |
| 出版发行 | 民主与建设出版社有限责任公司 |
| 电　　话 | （010）59417747　59419778 |
| 社　　址 | 北京市海淀区西三环中路10号望海楼E座7层 |
| 邮　　编 | 100142 |
| 印　　刷 | 北京世纪恒宇印刷有限公司 |
| 版　　次 | 2023年9月第1版 |
| 印　　次 | 2024年5月第7次印刷 |
| 开　　本 | 700毫米×980毫米　1/16 |
| 印　　张 | 15 |
| 字　　数 | 156千字 |
| 书　　号 | ISBN 978-7-5139-4281-2 |
| 定　　价 | 45.00元 |

注：如有印、装质量问题，请与出版社联系。

# 前 言

提到财富积累的时候，通常会有各种各样的观点，有的人认为财富的获取需要依靠运气，运气好的人自然就可以把握获取财富的契机；有的人认为财富和个人的勤奋有关，那些勤奋的人往往会受到财富的青睐；有的人觉得财富的积累源于学历，当一个人拥有更高的学历，掌握更多的知识时，自然会得到更多的财富；有的人觉得如果想要获得更多的财富，成为有钱人，那么一定要懂得社交，更多地结交那些有钱人；有的人则强调一切都和自己的地位有关，整个社会都在遵循马太效应，富人家庭会越来越富，穷人家庭会越来越穷；也有人认为财富是命中注定的，任何人都不得强求。

对于如何变成有钱人这件事，有一点毋庸置疑：致富是有秘诀的，人们不一定是依据特定的方法来创造和积累财富的。这也是我在翻译《致富的科学》时，一直强调的核心内容。该书是美国成功学鼻祖华莱士·沃特尔斯最成功、最广为人知的作品,包括拿破仑·希尔、奥格·曼狄诺、罗伯特·清崎等世界级的成功大师,都对其推崇备至。书中谈到的一些挣钱理念和致富方法,影响深远,成为几代人的致富圣经。

《致富的科学》这本册子总结了人们致富的基本逻辑:这个世界具备创造万事万物的能量,人类应该积极构建财富梦想,与世界相连并利用世界的强大能量来引导自己创造财富。在这个过程中,坚定的信念、强大的决心、感恩以及乐观积极的心态,缺一不可。此外,人们每一天都要做到全力以赴,要用最完美、最高效的方式完成工作,推动个人的优化和进步。而且人们还要将自身积极进取的形象传递出去,感染和鼓舞更多的人,从而推动整个社会共同致富。

同样地,《巴比伦富翁的秘密》是美国著名成功学大师乔治·克拉森创作于1926年的一本小册子,它讲述了古巴比伦富翁们的致富理念和理财观点,里面基本上是以寓言体的形式来阐述相关理念的。这本差不多诞生于一百年前的书,先后在各国被翻译多次,至今热度不减,在翻译这本书时,我认为它仍旧会对当下人的财富观产生积极的影响。《巴比伦富翁的秘密》中包含了一些小故事,并强调了几个致富原则:积极面对债务并激发挣钱潜能;通过勤奋工作来实现致富梦想;想办法让自己的钱升值;给财富设一道保护墙;向有钱人学习存钱、投资和钱生钱的方法;了解远离贫穷的秘诀;当机会出现的时候,立即抓住它们。在最后,书中提到了挣钱的黄金法则,包括为未来生活做资金储备、让财富创造价值、听取他人忠告进行投资、拒绝在自己不了解或者不擅长的领域投资、拒绝投资无法带来价值的项目。

严格来说，《致富的科学》侧重于致富理念的理解，《巴比伦富翁的秘密》强调具体的操作方法，两者风格不同，却可以做到相互补充、相互成就。因此，我就把这两本册子合在一起，并取名为《失落的百年致富经典》。

需要注意的是，这两本册子在国内有诸多译本，不过很多译文都偏离了原作，其中一些译文对内容的改动比较大，而本书侧重于还原经典，在翻译的时候做到逐字逐句尽可能符合原著，并且将一些晦涩难懂的专业术语，以更加通俗、更具逻辑性的句子来解释，确保读者可以读懂书中的内容，了解内部的核心理念。

当然，为了照顾中国读者的阅读习惯，本书在翻译的过程中对少部分内容做了一定程度的精简处理，在确保整本书的结构完整性不会受到破坏的前提下，增强了书本的可读性。希望更多的读者可以了解和掌握书中的致富知识，并运用这些知识真正走向人生的巅峰。

# 目 录

## 致富的科学

1　每个人都有致富的权利 / 003
2　致富是一门科学 / 008
3　你还有致富的机会吗？ / 013
4　获取财富的基本法则 / 017
5　生存的第一要务就是优化自己的生命 / 022
6　获取财富的前提是创造价值 / 030
7　以感恩的心态面对生活 / 033
8　独特的思维方式 / 038
9　合理运用我们的意志力 / 044
10　意志力的深入和强化 / 051
11　遵守特定的行动法则 / 058
12　每一次行动都必须卓有成效 / 065
13　选择最适合自己的行业 / 071

14　强化自己在他人眼中的印象 / 077

15　奋斗吧，永不止步 / 082

16　不可忽视的注意事项和结论 / 088

17　记住致富科学的要点 / 094

## 巴比伦富翁的秘密

1　巴比伦历史概要 / 099

2　想要黄金的人 / 106

3　巴比伦最富有的人 / 113

4　获取财富的七个诀窍 / 125

5　邂逅幸运女神 / 143

6　五个黄金法则 / 157

7　巴比伦的借贷商人 / 171

8　巴比伦的城墙 / 185

9　巴比伦的骆驼商人 / 189

10　巴比伦的泥版 / 202

11　巴比伦最幸运的人 / 214

# 致富的科学

# 1
# 每个人都有致富的权利

在所有涉及金钱的价值观体系中，安贫乐道的品质一直都为人称道，至少我们所接触的大部分思想都具有这样的倾向，但即便是最豁达的人，也不得不承认，一个完整的人生往往都需要财富来点缀。任何一个试图充分施展才华和能力的人，都不可避免地要借助外在的工具和物品，但那需要更多的钱，没有足够的钱，人们走向成功的工具和渠道也就不复存在。

我们的头脑、精力和身体，有赖于最基本的物质保障，这是一个最基本的知识，没有物质充当基础，人们的行动能力、思维能力、精神力量都会受到抑制。在经济如此发达的今天，我们都有这样的认知：一个人如果想要获得生活所需的东西，首先应该解决财富积累的问题，甚至毫不夸张地说，个人发展的基础就是学会如何致富。

从社会进化的角度来分析，发展是人类社会以及所有生命体的基本目标，任何一个生命体都需要想办法获取成长的机会，这也是生命体拥有的一项基本权利。

对于人类来说也是如此，我们每个人所拥有的生命权利，无非就是无限制地使用那些能够让自己的个体心智、灵魂和肉体都得到健全和进化的必要事物。简单来说，就是致富的权利。

那么怎样才算是真正的致富或者富有呢？这本书将会给出一个简单、形象的定义方式。不过这里谈到的富有，并不是掌控少部分钱时的"知足心态"，我们有理由追求更多。为什么人们非要承受世俗价值观带来的压力，压制自己的欲望？这不是明智的做法。严格来说，这个社会从来没有规定谁必须更富有，也没有规定谁必须安于获取一小部分的财富，生而为人，如果有能力承担更多的财富使命，为什么不试图去获得更大的物质满足呢？在一个不断要求进步和自我完善的生存规则下，我们为什么不能展示自己更强大的力量，为什么不能如此丰富、优雅、美丽地活着？现在是时候摒弃那些社会成见，记住一点：自我满足并不是一种罪恶，绝对不是。

说起富有的定义，我想一个人如果拥有满足自身生活所需的一切，过着自己预期中的生活，就可以说他是一个富有的人。那么如何去满足生活的一切呢？答案很现实，那就是拥有足够多的财富。尤其是在一个经济快速发展，社会不断进步的时代，财富已经成为人们构建美好生活的关键要素。人们总是渴望达到成功，渴望成为理想中的某一类人，这是天性使然，也是我们对成功人生的定义，但实现这种成功就离不开更多外在的物质条件，本质上来说，还是钱，没有钱，物质条件也就难以实现。所以我们需要明确一点，掌握如何致富的方法是个人成长与发展所需的最基本知识。

事实上，希望拥有更多的财富并不是一件坏事，其本质上就是追求更富有、更美好、更丰富的人生，这种渴望不应该被放在道德高度上进行审判。相反，那些拒绝更完美人生、拒绝花钱买成长所需物品的人才显得不正常。

就人类生存的三个动机而言，无论是为生理需求而活、为心理需求而活，还是为精神需求而活，本质上并没有什么高低差别。三者同等重要且缺一不可，任何需求得不到满足都会产生缺憾。追求精神需求就一定会显得高贵吗？难道一个人摒弃心理需求和生理需求就可以感受人生的美满吗？同样地，那些只为心理需求而活，却忽略生理需求和精神需求的人，同样拥有不完整的人生。如果只看重生理需求的满足，在心理层面和精神层面上严重欠缺，又将会产生何种严重的恶果呢？这个问题已经无须赘述了。

无论是生理、心理还是精神需求，都不过是处于不同层次的需求罢了，人们真正要做的就是在生理、心理和精神上都做到完全意义上的富足。当一种可能没有得到实现，或者某种潜能未能得到充分的发挥，就会产生相应的需求。也就是说，满足个人需求的本质就是寻求内在渴望被实现的机会，或者是寻求充分释放潜能的机会。

　　这是显而易见的，美味的食物、舒适的衣物、温暖的住所，以及让劳累的身体得到充分休息，这些都是人们生活最基本的需求，而一旦这些需求得不到满足，个人的生理状况就会变得很差。

　　同样地，如果失去了阅读的时间和旅行的机会，失去了同那些智者对话的机会，人们的精神生活也会千疮百孔。因此我们需要更多的知识性的娱乐，需要创造更多陶冶性情的艺术品以及美化生活的美好事物。不仅如此，我们还需要爱，而贫穷无法让你的爱更完整、更充分地释放出来。

　　一个人最大的幸福应该是建立在为他人付出爱、为所爱之人创造价值的基础上，付出就是爱一个人最好的表现。事实上，每个人都需要扮演各种不同的角色，你是丈夫或者妻子，是孩子的父亲或母亲，是父母的孩子，是一个普通公民或者其他最基本的人类角色，而如果你没有能够付出的东西，便无法扮演好这些角色。怎样做才能发现一个完整的生命呢？健全自己的身体、发展自己的思想、舒展自己的灵魂，而做到这一切的根源在于创造更好的物质条件。人们现在应该可以更加直观地认识到致富的重要性，对每个人来说都是一样。

　　不要再去质疑自己渴望财富的心理动机是否正确，任何一个正常的人，都会渴望获得更多的财富，这是发自内心的一种欲望。正因如此，人们需要摆正心态，全身心地学习和掌握那些能够致富的科学方法，这些科学方法是最高尚、最有必要的一种学问。掌握这些学问既是对自身成长和发展负责，也是人们对个人所扮演的社会角色应承担的责任。总的来说，人们应该努力选择做最好的自己，而这本身就是人们对社会所能作的最大贡献了。

# 2
# 致富是一门科学

一个显而易见的事实是,致富本身就是一门科学,就像注重精准计算的代数或算术一样,从这一点来说,获得财富的过程其实可以遵循某些特定的法则,只要按照这些特定的法则去努力奋斗,人们就有机会获取大量的财富。

现实社会中,人们获取的财富,往往都是某种特定行为模式下的结果,那些按照相关方法做事的人,可能是在执行自己的计划,也可能只是单纯的一种偶然行为,但最终都会引导人们走向富裕。而当人们远离这种特定行为和方法时,无论如何努力,也无法摆脱贫穷的困境。

这种特殊的因果关系,本质上是一种自然法则。所以,人们真正应该关注的是,找到那种获取财富的特定方式,然后按照这种方式做事,那么财富的快速积累也就水到渠成了。

这个论点在以下几个事实中可以得到有效的证明：

环境对个人的影响很大，但一个人能否致富，和他所处的环境并没有必然的关系，如果非要说环境决定了个人的收入，那么住在同一地区的人按道理来说，应该拥有同样的财富，并出现这样的现象：某一城市的居民非常富有，而其他城市的居民非常贫困；或者某一国家的公民富可敌国，而邻国的公民困苦不堪。

而在现实生活中，穷人和富人往往是居住在一起的邻居，他们处在相同的生活环境下，甚至做着完全一样的工作，相同环境或同一行业下的两个人出现贫富分化和差别的现象，表明环境并不是影响个人积累财富的主要问题。一些地方的环境的确会给人们积累财富创造更好的条件，但当同一地区或从事同一职业的两个人仍旧会出现财富的严重分化时，就可以证明致富与特定行为模式之间的因果关系。

按照这个逻辑进一步分析，一个人掌控和运用某种特定法则行事的能力，基本上和自身的聪明才智无关，因为只要认真看一看，就会发现这个世界上有许多才华横溢却终生穷困潦倒的聪明人。相反地，那些看上去资质平庸的人反而获取了惊人的财富。

对成功致富的群体进行仔细研究，就会发现一个现象，这些成功者和富人中的大多数人在很多方面都表现得很平凡，既没有高人一等的天赋，也没有所谓的超能力，可即便如此，他们依旧能够按照某种特定的方式做事，并以此来获得别人难以企及的成功。

再者，财富也不是节俭下来的，保持节俭甚至吝啬的生活作风，并不能帮助人们获取更多的财富，那些一毛不拔的吝啬鬼，往往无法积累大量的财富，反而是那些经常花很多钱的人会越来越富有。

最后一点，一个人可以做到别人做不到的事情，但同样不一定会带来财富，在一个行业内，那些做着同等工作的人，完全可以在岗位上相互替代，但他们之中，可能一个会成为富翁，而另一个人却陷入贫困甚至破产的糟糕境地。

只要认真分析上面谈到的事实，就可以得出这样一个结论：一个人之所以能够发家致富，就是因为一直在按照某种特定的法则行事。

如果依照一定的法则做事是因，而变得富有是果，那么任何一个人只要把握了相同或相似的因，就可以变得富有。按照这种关联性，人们在致富过程中所遇到的相关问题都可以纳入精准科学的领域当中。

不过，人们所面临的真正问题是：认识和掌握那种特定法则会不会很难，是不是只有很少的人才能领悟并遵循法则行事？按照我们之前的分析，这种担心完全是多余的，天才可以找到致富的方法，傻瓜同样可以掌握这些方法；聪明人会发家致富，资质平庸的人也能够积累更多的财富；身强力壮的人能够挣到更多的钱，身体羸弱的人一样可以吸引更多的财富。

尽管如此，人们还是需要一些必不可少的能力，那就是一定程度的思考能力和理解能力。当然，按照人类天生具备的基本能力，完全有能力理解和阅读本书所提供的相关内容，从中找到获取财富的机会。

我们在前面已经谈到了，环境也不会是什么大问题，当然，如果非要纠结这个问题的话，某些具体的地点可能会制约个人获取财富，就像一个人跑到撒哈拉沙漠深处生活，你不能指望他还能够轻松成就一番事业。

还有一点，一个人想要获取财富就离不开交易，而且人们需要找到一个适合交易的场所，如果对方倾向于迎合你喜欢的方式进行交易，那事情就会变得更加完美，环境对人们致富的影响力或许仅此而已。事情就是这样，如果别人可以在你所居住的城市里成功积累大量财富，那么相信你也一定可以做到；如果其他人在你的国家发财，那么你同样有机会积累丰厚的身家。

在这里，有必要重申一个观点：人们积累财富的关键不在于自己选择了什么样的行业或专业。因为每一个行业中都会产生富人，也都会出现一大批所谓的穷人。

确实，如果你从事的工作恰好是自己喜欢并擅长的，那么你有很大概率做到最好。如果你可以拥有行业所需的天赋，并找到解锁和发挥这种天赋的方法，那么你就一定可以成为行业内顶尖的人才。与之相似地，如果你生活在一个非常适合自身发展的城市中，那么就可以创造一番事业，就像人们选择在气候温暖的地方销售冰激凌，他的生意一定会比在冰雪覆盖的格陵兰岛卖冰激凌更好；同样，在美国西北部经营鲑鱼养殖的产业，肯定要比你在佛罗里达州搞鲑鱼养殖更成功，原因就在于佛罗里达州根本不产鲑鱼。

但除了上面所谈到的少部分限制条件外，我们仍旧可以明确地知道一个人的致富和自己所选择的行业基本无关，关键还是在于自己是否遵循某种特定的准则行事。如果你正在经营某种生意，一直都不温不火，而其他在同一地区做同样生意的人挣得盆满钵满，那只能说明其他人都在按照特定的方式经营，而你却没有做到这一点。

本金或许很重要，但没有人会因为缺乏资金就与财富绝缘，不可否认的是，当一个人拥有足够的资金时，财富的积累会更轻松、更迅速，但拥有资金的人，往往不会考虑如何想办法变成一个有钱人。一个人不管多么贫困，如果能够按照某种特定的方式行事，就可以说他已经走在获取和积累财富的道路上了。获取更多的资金正是致富的一个重要组成部分，而这本身也是遵照特定方式行事所产生的结果的一部分。

或许你正处于巨额债务当中，你是整个国家最贫困的人，或者你没有任何优质的朋友，没有丝毫的社会影响力，也没掌握那些能够改变命运的资源，但还是那句话，只要掌握好那个"因"，就可以获得自己想要的"果"，只要你开始遵循特定的法则行事，那么变得更富有就会从理想变成现实，一切都会变得更好，如果你缺乏运作的资本，那么将会获得更多的资本；如果你选错了行业，那么最终将进入一个真正适合自己的行业；如果你所处的位置有了偏差，那么将调整到正确的位置上。

现在，你可以采用这样的方法行事：在自己目前所处的行业中或当前所在的位置上，遵循某种特定的法则行事，确保自己处在一个和谐、规律的环境中，一点点去践行有关致富的真理和法则，而这将会带领你真正走向成功。

# 3
## 你还有致富的机会吗？

当财富被别人垄断时，人们并不会一直陷入贫困之中，因为这或许只是意味着自己在某一行业内的挣钱渠道被关闭了，而在其他行业和渠道内，自己完全有机会去获取财富。

在社会发展的不同时期，社会变迁和特定阶段的进化会带来大量的机会，此时，只有那些顺应时代潮流的人才能把握住机会。

因此，无论是某个人还是某一个阶级，所拥有的发展和致富机会都不会被外界剥夺。工薪阶层之所以无法积累大量的财富，并不是因为雇主的"剥削"，也并非财团的"压榨"，作为相对弱势和贫穷的阶层，他们所遭遇的情况只是因为没有按照特定的方式和法则去做事。

一旦工薪阶层懂得如何依据那些特定的方式行事，同样可以转变身份，跻身雇主阶层。不单是工薪阶层，有关致富的法则对所有人来说都是适用的，他们必须意识到一点：如果继续按照原来的方式做事，最终只会被困在原地。事实上，工薪阶层中也有极少数人能够突破群体性的思维局限，他们不会像其他人一样因为忽略这一法则的重要性而导致自己与财富绝缘。他们仍有机会把握住潮流的发展，最终走上致富的道路，而这本书恰恰告诉我们应该如何去把握住致富的机会。

财富的供应量不够并不能成为贫穷的借口，因为这个世界上存在着的财富远远超过全人类的需求。仅仅是美国储藏的建筑材料，就足以保障全世界的每一个家庭有能力建造一幢和华盛顿州议会大厦媲美的华丽豪宅；如果人们可以努力耕种和养殖，仅美国生产的羊毛、棉花、亚麻和丝绸，就足够保证地球上每个人所穿的比所罗门王盛装时所穿的衣服还要华丽；而生产的食物，同样可以满足世界上每个人对丰富可口食物的需求。

就我们当前所看到的资源，几乎就取之不尽，那些眼睛看不见的资源就更不用说了，真的可以说是用之不竭。

从哲学的角度来看，世界上所有可见的东西源于一个最原始的物质，万事万物都是从它这里衍生出来的。整个世界都在不断创造新的有形实体，那些旧的则慢慢淘汰和消失，所有的新生和所有消失的物体，都是那个最原始物质呈现出来的不同形态。

这个最原始的物质处于一种无形的状态，它本身就是无穷无尽的，现在我们所能感知的世界就是由这种原始物质组成的，它在接连不断的创造活动中并没有被完全消耗掉，它们负责创造万事万物并渗透和充实现实世界的一切可感知的事物当中，而这些原始物质又可以继续创造出比现在已经存在的多一万多倍的有形实体，但它永远不会枯竭。

事情再明显不过，没有人需要担心自己会因为资源贫瘠、资源不够分配而陷入贫穷之中。

整个自然界就是一个充满财富的宝库，它可以源源不断为人类提供资源。更何况，原始物质充斥着强大的创造性能量，源源不断地生产更多有形的物质。如果现在世界上所有的建材都被消耗殆尽，这个原始物质就会想办法创造和供应更多建材；如果世界上的土地使用达到了一个极限值，人类无法再从土地上种植粮食和生产衣服的原材料，原始物质就会快速让土地恢复生机；如果地球上所发现的金银被挖掘殆尽，但只要社会还需要金银来维持发展的态势，原始物质就会创造出更多的金银。尽管原始物质没有形态，但是能够一直满足人类的物质需求，以至于你根本不用担心这个世界会缺乏任何所期待的那些美好事物。

人类所拥有的资源一直都是富足的，那些过着贫穷生活的人，只是因为没有按照特定的方式去创造财富而已。

原始物质拥有自己的智慧，也有自己的思考模式，它是一个独特的生命体，并且一直都在寻求让生命不断优化的方法。

从这个角度来说，每一个生命体的本能就是追求美好生活，每个生命体先天的智慧就是寻求进化，它们会有意识地进行自我拓展，并积极寻求一种能够呈现出更完美形态的方法。

现在，我们认识的世界由各种有形实体组成，而这些有形实体是原始物质转化而来的，目的是充分地展现自身。

这个世界诞生的使命就是帮助生命得以继续发展，而创造世界的固有动机，就是优化生命。从这一点来说，任何有助于生命成长的东西，这个世界都会给予最慷慨的馈赠。除非原始物质本身就在否定自己存在的理由，并试图阻止创造的延续，否则我们生存的世界是不会出现资源匮乏的情况的。

总的来说，你根本不会因为财富的供应不足而陷入穷困。那么，接下来我进一步阐述的一件事：任何一个人，只要他愿意按照某种特定的方式去思考和行动，甚至可以随心所欲地运用那些无形的资源。

# 4
# 获取财富的基本法则

每个人都是一个独立的思想中心，也都具有属于自己的意念，而人们用双手创造出来的东西，首先源于思想上的构建，任何一个事物都不可能被人类凭空创造出来。

到目前为止，人类的能力被局限在自己的手工劳动上，并通过这种方式积极改变或者完善现有的世界形态。我们依赖于大脑中的思想去设计，然后从自然界获取所需的材料和资源，创造出事先设计好的形体。却很少或者没有与世界本源进行通力合作，我们没有想过有朝一日可以像世界的本源那样去塑造一切，仅仅依靠自身的力量去重塑和修改已经存在的各种有形物质。我们习惯了传统的劳动模式和创造模式，却没有考虑过自己是否可以与那个本源进行沟通，然后通过自己的思想来创造自己所需要的东西。

最初的时候，我们必须证明一个人可以做到这一点，然后去证明任何人都可以做到，并且努力展示人们是按照何种方式做到这些的，在这之前，我们还必须面对三个基本命题：

首先，我们已经意识到，世间所有的事物都是由原始的、无形的物质形成，我们眼中所看到的那些不同的事物，本质上是同一元素组成的，只不过这个元素拥有不同的呈现方式，无论是有机物还是无机物，都是由相同元素和原材料塑造而成的。

其次，这个世界具有自己的规律，它的内在运行逻辑和生发性的力量可以形成有形的实体。

最后，任何一个人都是独立的思想中心，可以产生独特的思想，一旦人们与世界本源建立连接，人们就可以创造出自己想要获得的东西。

总的来说，原始物质具有自己的生命系统，万事万物都通过这个系统被创造出来，当原始物质处于最初始的状态时，就已经弥漫和充斥整个宇宙空间了。更重要的是我们应该学会感知这一切，感知会带来思想上的突破，我们完全可以在头脑中构思和塑造各种事物，通过与原始物质建立连接，推动想象中的事物被快速创造出来。

很多人对于这些论断的证明方式感到困惑，事实上，证实这一点并不需要太多的证据，依靠逻辑和经验就能给出完美的论证。

在观察和分析有形实体与意念之间的关系时，我发现存在一种非常原始的智能物质，它拥有非常独特的运作方式，从中可以知道人们完全有能力创造头脑中设想出来的事物。

一些重要的实验证明了这些推论是成立的。在下面的文字中，我会给出最严谨的论证：

如果一个读者阅读了这本书，并且按照书中所强调的方法去做事，最终获得了成功，就可以为我的主张和观点提供论证；如果那些阅读者按照书中的提示都获取了大量的财富，就表明我的论点是正确且科学的。

在前面的内容中我早就说过，人们之所以可以获得惊人的财富，就是因为按照某种特定的法则行事，而为了做到这一点，他们首先需要按照特定的法则和方式自己进行思考，人们的思考方式，往往直接影响和决定了个人的行动方式。

所以，一个人如果想要按照正确的方式行事，前提就是能够获得正确思考的能力，这是人们能够积累大量财富的第一步。

所谓正确的思考，就是透过层层表象的迷惑直达事物的真相。

每个人天生就具备了内在思考和挖掘真相的能力，它比起执着于表面现象的分析和思考，往往需要人们付出更多的努力。停留在事物表面的思考模式非常简单，而不受表象迷惑，深入事物本源去思考真相则要困难很多，真正做到思考真相的人，往往不得不耗费大量的心力。

大部分人宁愿从事体力劳动，也不愿意长时间进行深层次的思考，因为深入思考原本就是世界上你所遇到的最困难的一份工作。尤其是当事物呈现出来的表象与内在的真相完全相反时，思考的难度更是难以想象。我们在世界上所能看见的任何一种事物，都会在大脑中呈现出一个具体的表象，这会让我们深信事物原本就是这个样子的，想要不受迷惑，唯一能做的就是建立排除事物表象、坚守内在真相的强大信念。

当一个人身上开始出现贫穷的征兆时，他的心中通常就会呈现出一个与之相对应的贫穷的表象，认为这就是生活的一切，除非人们能够坚守生活的真相：这个世界并不是贫穷的，人们会变得更加富有。

当人们深受疾病的困扰时，大脑中一定要想着健康；当人们看到贫穷的表象时，则要引导自己去思考富裕的真相，真正想要进入这样的思想境界，就需要非常强大的精神力量作为支撑。而拥有这种精神力量的人，注定会成为一个伟大的心灵大师，他们可以更轻松地掌控自己的命运，获得自己想要的那些东西。

人们需要坚信隐藏在表象背后的那些真相，才能够有效获得这种精神力量。而从现实的角度来说，世间万事万物都可以通过思想创造出来。

接下来，我们需要掌握另一个真理：任何思想都会创造相应的实体，而人们完全可以将自己内在的想法与世界建立某种独特的连接，使其从思想状态变成现实物质。

一旦我们意识到这一点，内心的怀疑和恐惧就会消失，因为我们知道自己有能力创造自己想要的东西。有能力拥有自己希望获得的东西，也有能力成为自己想要成为的那一种人。作为走向成功的第一步，我们必须对已经被证明了的三个基本信念深信不疑，为了强调这些内容，我在此复述一遍：

世界上存在一种有意识的原始物质，它负责创造万事万物，早在原始状态时，就已经在宇宙中无所不在了。

原始物质依靠某种规律创造出这个世界进化所需的各种实体。

人们通过思想来塑造事物，并通过与原始物质建立连接来创造头脑中的事物形态。

我们有必要放下其他一些关于宇宙是什么的定义，必须持续进行深入思考，然后将以上几个内容牢牢记在心上，确保它们可以成为一种思维习惯。我们需要反反复复地阅读上面的内容，确保自己看到的每一个字能够成为思想和记忆的一部分，直到我们对这一切毫不怀疑。如果我们没有办法消除这些疑惑，那就请将这些观点丢掉吧。人们没有必要去听别人是如何争论这些观点的，也无须了解宗教和演讲所宣传的那些内容，更不应该去阅读那些理念与之完全不同的书籍，因为一旦个人对于上述内容的理解、信仰和信念产生了混乱，那么自己所做出的所有努力都会是白费工夫。

所以，请不要再去咨询这些法则为什么就是真相，也不要质疑这些法则为何能以这样的方式进行运作，人们只需要保持信任即可，因为科学致富法则能够发挥作用，首先从人们完全接受它开始。

# 5

## 生存的第一要务就是优化自己的生命

是时候摆脱过去那些遗留下来的陈腐观念了，人们的贫穷或者持续贫困可不是某种神秘力量造成的。

创造世界的本源，存在于一切物质当中，也存在于我们每一个人身上，有时候你可以将它理解成为一种创造者和生命体，它也像富有智慧的生命体一样，一直都在渴望不断优化自己。我们所熟知的那些生命体始终都处在一种不断寻求拓展的状态之中，对它们来说，只有不断强化自己、不断优化自己，才有可能生存下去。

就像一粒种子那样，当它掉在地里的时候，便开始不断督促自己快速生长，并在生长的过程中孕育出数以百计的种子。生命的本质就是这样，生命体必须不断繁衍生息，才能确保生命的延续。也只有如此，整个物种才能够生生不息地发展下去。

人的智慧同样也有这种督促自己持续增长、持续优化的内在需求，以至于我们的每一种想法都不是独立存在的，彼此之间始终相互关联，因为只有这样，人们的意识才能够得到持续的扩展。在日常生活中，我们所学到的任何一样东西都会指引自己找到其他相关的事实和真相，从而实现知识的不断累积。

同理，我们掌握的每一种才能都会刺激自己产生掌握另一种才能的强烈渴望。我们始终受到生命自我增长模式的驱使，一直都在努力让自己了解更多的知识，做到更多的事情，以及获取更多的体验。

人生就是如此，为了了解更多、做到更多、体验更多，我们必须想办法去拥有更多。按照这样的逻辑，我们必须寻找到更多有价值的工具和资源，才能更好地应对学习和工作，最终成为自己想要成为的人。也就是说，我们必须努力提升自己的生活水平，这样才能够过上富足的生活。

一个人渴望财富，往往是为了能够更充实地生活下去，而每一份渴望都会推动我们将想要实现致富可能性的相关行动付诸实施，从这个层面来说，寻求目标实现的那一份渴望本身就是一种力量，它可以帮助我们获得更多的金钱。这就像那种推动植物快速生长的力量一样，本质上是生命为了寻求更完整的表达而产生的。

任何一个生命体都必须遵循生物生存和发展的内在规律，这个内在规律本身洋溢着充实生命的一种渴望，而这正是它在进化中不断创造万物的原因。这种规律同样会赋予人们相应的渴望来完善自己的生命，它会帮助我们获得自己想要的所有东西。

这个世界上最常见的一种渴望就是人们应该变得富有，世界也希望我们可以走在致富的道路上，按照这种发展的逻辑和规律，世界会给予人们很多可用的东西，然后让人们展现出一个更完美的自己。一旦人们可以在一种自由状态中使用生命拥有的一切资源，人们的身上也就展示出了更完美的生命状态，整个世界对你怀有那样的美好期待，希望你可以心想事成，它会非常友好地对待我们制订的各种计划。

总的来说，万事万物都是为人们而存在的。

所以我们更应该坚定致富的信念，并相信自己会美梦成真。

但是，有一点要求必须提及，我们必须将自己的发展目标与万事万物保持协调一致的状态。

从现在开始，我们应该学会追求那些真正的生活，而不是像过去那样沉溺在感官刺激带来的满足上。我们的生命本身就是机体各种功能的综合呈现，人们如果可以将身体、心理、精神生活这些基本功能毫无保留地释放出来，我们的生活就会变得更加完美。

比如，我们渴望致富的动机不应该是让自己过上奢侈的生活，不是满足自己的肉欲，这些并不是真正完整的生命应该呈现的状态。不过，我们身上具备的每一种生理机能都是生命的一个组成部分，如果完全忽视正常和健康的生理需求，否认内在正常的身体冲动，那也是对完整生命的一种破坏和违背。

我们渴望变得更加富有，不应该只是为了享受精神上的愉悦，也不应该只是为了获取知识、满足野心、超越他人、享受功名利禄，这些目的只是生命中的一小部分而已。如果人们单纯为了让自己的精神得到满足而努力活着，那么人生也许永远也无法充实和满足。

与此同时，我们渴望变得富有，也不应该仅仅停留在帮助别人、救赎他人、体验慈善和牺牲自我带来的乐趣层面上，灵魂的快乐也不过是生命的一小部分，它并没有比其肉体、精神之类的更为高贵。

一个人拥有财富的真正目的，应该是满足基本的生活所需，并因此感到快乐；应该是满足自己游历远方、欣赏美好风景、增长见识，以及充实自我心灵的成长需求；更应该是满足自己关爱他人、帮助他人，为传递爱和希望奉献自己力量的需求。

但是，我们仍旧需要记住一点：极端利他主义并没有比极端的利己主义更高尚，因为两者都是不合理的。

我们需要摆脱这个世界一直灌输的"必须为别人牺牲自我"的想法，这个世界对我们并无所求，只是希望每一个人都能够展示出一个更完美的自我。


这个世界一直都希望每个人都可以做更好的自己，能够为自己而活，也能够为别人而活，事实上，争取让自己变成一个最好的人，这才是帮助他人最好的方式。而一个人只有努力让自己变得更加富有，才有机会成为更好的自己，对任何人来说，获取更多的财富仍旧是人生的第一要务，也是最重要的一项工作，这样的理念完全是合理的，也是整个社会应该大力提倡的。

只不过，我们仍旧要记住一点，整个世界一直都在渴望创造更加完美的生命，世界的所有运作方式都是为了让生命体变得更加完美，而在促使人们追求财富，寻求保障生命完整状态的过程中，世界并不会让我们的生命遭受各种损害，因为在它眼中，任何生命都是平等的，也都值得同等对待。

这个世界为我们创造了各种形态的物质，但也不会因此就从他人手中剥夺资源来献给你，我们需要摆脱这种不良的竞争思想。我们每一个人存在的价值就是其创造，我们因为创造而存在，而不是为了争夺那些已经被创造出来的资源，所以我们没有必要总是想着如何从他人手中掠夺财物。

我们也没有必要总是和别人激烈地讨价还价，希望争取利益最大化；我们不必使用欺骗和谎言来利用他人为自己谋取私利；我们不能总是想着从那些为自己工作的人手中克扣更多的薪水；我们没有必要去觊觎和贪图他人的财富，因为我们可以依靠双手去获取自己想要得到的那些东西，不需要依靠掠夺，我们一样可以拥有一切。

我们应该想方设法让自己成为一个创造财富的人，而不是一个依靠竞争来掠夺财富的人。更重要的是，我们在追寻和创造财富的过程中，能够让周围的其他人也因此获益良多。

据我所知，有一些人就是通过与我所说的相反方式来获取财富的，关于这一点，我在此可以作一些解释：这些能够快速积累巨额财富的人，很多时候只是单纯地依靠个人强大的能力，以及无与伦比的竞争优势来获取财富；有时候则是依赖这个世界所创造的产业革命来积累财富，像洛克菲勒、卡内基和摩根等人就是如此，他们在无意识中成了这个世界参与财富创造的代理人，他们以一种更系统化、组织化的方式参与组织工业革命，并依赖这样的工作为优化全体生命做出了极大的贡献。

但即便如此，他们的时代也早已经结束了。他们虽然推动了生产的组织化，可是在时代的发展浪潮中，很快就会有新的人出现来代替他们，继续接下来的相关工作。

从时代发展的角度来看，那些超级富豪就像是史前时代的大恐龙，他们在改革进程中曾扮演着不可或缺的角色，但那些曾经成就他们的巨大力量同样会彻底毁灭他们，而且一个惊人的事实是，这些人或许从来就没有真正富裕过。如果能够了解他们的私生活，就会发现他们以及和他们同属一个阶层的富人，往往过着最可怜的生活。

真正的问题在于，那些依靠强大竞争优势来抢夺财富的行为不可能一直持续下去，也不可能真正满足人们越来越大的胃口，这个世界就是如此，三十年河东，三十年河西，今天获得的成就，在明天可能就会成为别人生活的点缀。

所以还是应该记住，如果一个人想通过某种特定方式来科学致富，那么首先就要完全放弃依靠竞争来掠夺财富的想法，我们千万不要总是认为这个世界的供应是有限的，不抢的话就会被别人抢走。事实上，当人们开始觉得这个世界上的所有财富都已经被他人垄断和控制，而自己能做的就是想办法来阻止他们垄断时，很明显，这个人已经陷入竞争意识当中。从那一刻起，他的创造能力开始不断丧失，更糟糕的是，那些已经展开的创造性活动也会被迫终止。

一个不可忽视的事实是，地球上的山脉中蕴藏着不可估量的黄金，它们还没有被开采出来，现在即便开采完了，大自然也会通过各种方式创造出新的黄金，来满足人们的需求。因此我们应该清醒地意识到，我们所渴望、所追求的财富终有一天会到来，即便从明天开始，我们会面临成千上万名开采金矿的竞争对手。

对于我们来说，永远不要将注意力放在那些肉眼可见的物资供应上，要注意去关注这个世界所蕴藏的无限财富，并且深信这样一个法则：只要我们越快接受这样的观点，并使用这些财富，财富的到来也会越快。没有任何人可以通过垄断当前的物资供应来阻止我们去获取自己想要得到的那些财富。

正因如此，我们不应该产生那些消极的竞争意识，哪怕只有一瞬间也不行。很多人总是想着在建好房子之前要快点行动，否则最好的建筑资源都会被人抢光，但人们永远没有必要去担心那些大财团会控制整个世界的财富和经济，永远没有必要去焦虑会不会有竞争者突然跳出来阻碍自己去获取财富。这样的事情是不会发生的，因为我们所寻求的并不是已经属于别人的东西，我们可以依据世界的创造能力来满足自己的需求，这个世界对我们供应的资源是无穷无尽的。

现在，我们应该牢记以下两个观点：

第一，这个世界会按照自己的规律去创造万事万物，这种创造力早就渗透、弥漫和充斥所有的宇宙空间了。

第二，只要人们在思想中构建了这些物质，这个世界就会按照固有的规律来供应人们所需的物质。

# 6
# 获取财富的前提是创造价值

我们平时所谈论的锱铢必较并非市场交易中所呈现出来的价格争论，甚至因此拒绝跟同行进行合作。这个词真正的意思是告诫我们在市场竞争中不应该采用一些非正当手段来谋取利益，也不应该总是想着不劳而获。真正应该做的是通过正当手段来获取财富，进而实现个人变得更加富有的人生目标。

在资本市场中，我们所购买到的任何一个商品的价格都不可能低于成本价，但是任何一个产品所创造出来的价值却远远比我们购买时所花费的金钱更高。以这本书来举例子，书中的纸、墨和其他材料加起来，所耗费的成本可能比读者购买这本书所付的钱少很多，但如果书中的某个点子帮助读者挖掘出一个能带来巨额财富的商机，这个时候读者一定不会觉得自己买这本书亏大了，反而会为自己只花了那么一点钱就积累了那么多的财富而感到庆幸。

假设我收藏了一幅名画，在那些经济发达的国家，或许可以卖出数千美元的价格。如果我先将这幅画带到巴芬湾，然后运用高明的销售技巧，与一名爱斯基摩人进行交换，用这幅画换来价值500美元的皮草。按照这样的交易方式，似乎我在交易中欺骗了对方，因为这幅画对他来说几乎没有任何价值，他的生活质量并不会因为这幅画而有什么提高。

但是，如果我用一杆价值50美元的猎枪来交换他的皮草，那么这个交易看起来就显得非常公平了，因为他可以很好地发挥出猎枪的使用价值，可以利用这杆猎枪获得更多的皮草和食物，全方位提升自己的生活质量，并因此变得更加富有。

从竞争意识到创造意识的转变，绝对是市场上的一次跨越。想要完成这样的跨越，人们首先应该更加细致地观察和分析市场，一旦发现我们所购买的商品或服务无法带来更高的生活质量，那就意味着商品的使用价值远远低于现金价值，我们应该立刻停止购买这种商品的行为。在生意场上，不要总是去想着他人。如果我们处在一个充满欺骗的行业，那最明智的选择就是立即退出。

如果市场中的交易者始终考虑如何给予他人更多的满足，而不仅仅是为了获取更多的利润，那么交易者就可以在商业活动中获得成功，他的人生也会升华到一个更高的层次上。

如果人们雇用他人为自己工作，所支付的薪水远远少于雇员本身具备的使用价值，那么人们就应该做好规划，为这些雇员提供更多、更好的成长机会，帮助他们打开通往成功的大门，确保那些一心想要取得进步的员工每天都可以获得成长。

为员工创造更多的财富，本质上来说就是为自己创造更多的财富，这恰恰是本书所宣扬的核心理念。对我们来说，在经营自己事业的时候，不要忘了满足雇员追求财富的欲望，不要忘记为他们追求财富搭建更多的梯子。当然，当我们为雇员提供更多的机会和更好的平台时，如果对方并没有懂得珍惜和利用，那么责任就不在我们这里了。

最后需要强调一句：我们身边的所有物质本质上都可以通过某种方式转化成源源不断的财富，但这并不意味着不做任何努力，就可以凭空产生财富，财富可不会在空气中无中生有。

# 7
# 以感恩的心态面对生活

通过对以上内容的阅读，相信读者已经了解了一个事实：追求财富的第一步是勇敢表达自己的想法。我们可以与这个世界构建一种特殊的连接，并强化彼此之间的和谐关系。

为了让人们明白这种和谐关系的价值，在这里我会通过一些篇幅进行更深层的讨论，并且及时给出一些指导。如果人们能遵循这些指导，就可以和整个世界保持同频，结成一个更完美的整体。

但在此之前，我们需要做好内心的调整，而这个调整过程实际上是围绕着一个词语展开——"感恩"。

首先，我们必须相信这个世界存在一种能量在推动万物进化和发展。其次，这种能量能够帮助我们实现自己所需要的那些东西，这一点必须深信不疑。最后，我们需要培养感恩的心态，将自己与整个世界联系起来。

在现实生活中，有很多人一直在按照其他的方法来规范自己的生活，他们的确做得不错，但他们却因为没有感恩之心而让自己长期陷入贫困之中。世界赐予这些人一定的天赋和能力，但他们却因为不懂得感恩，而没有将这种天赋引入正常的轨道上，也没有与世界建立起正确的连接，因此也无法真正发挥作用。

关于这一点其实非常好理解：当一个人距离财富中心越来越近的时候，他获得的财富也就越来越多。同样地，一个心怀感恩的人，通常要比不懂得感恩的人更接近这个世界的真理。当致富机会到来的时候，对世界越是心怀感恩，就越是可以得到这个世界更丰富的回馈，因为感恩之心可以帮助我们的内心更加靠近幸福的源头。

感恩之心可以确保我们的头脑与世界建立更加和谐的关系，对多数人而言，这是一个新奇的理念，但如果认真思考一下，就会意识到它是真实存在的。就像我们在过去获得的那些美好事物一样，原因就在于我们一直在顺应相应的规律行事，而感恩的心态会引导我们遵循规律，让我们的创新思维能够有效融入这些规律当中，并防止我们误入竞争思维的陷阱当中。

心怀感恩可以让我们更好地感知万事万物，避免被"供应有限"的错误思维绑架，避免自己追求财富的希望遭受毁灭性的打击。

世界本身就存在一条关于感恩的法则，如果人们想要得到自己期待的那些东西，就一定要记得遵循这一条法则。感恩的定律本身就是一种自然法则，就像我们经常谈到的作用力与反作用力一样，两者的能量和规模往往是相等的，可是运动的方向截然相反。当我们的内心对整个世界充满感恩时，内心将得到解放，并因此产生巨大的能量，这些力量反作用于世界，最终给予我们最丰厚的回馈。

"一个人如果可以亲近这个世界，那么世界也会亲近他。"这句话从心理学的角度来说也是成立的，一个人如果怀有强烈的、持续的感恩之心，那么来自世界的反作用力也会同样变得强有力且持续，这样一来，所追求的那些东西会源源不断地向他靠拢。

某一位哲人就一直强调："感谢世界能够聆听我。"这种感恩的态度帮助他取得了重大的进步，对我们来说也是一样的，只有心怀感恩的人，才可以获得更多强大的能量。

不过，感恩的价值并不仅仅是为了满足人们对未来幸福生活的追求，没有感恩心态，人们就会长久地困在对现实生活不满的消极情绪之中。而当人们被困在不满的情绪当中时，就会迷失人生前进的方向，并且开始专注于那些普通、平凡、贫穷、卑鄙、肮脏的事情，最后在心中产生一些消极的、负面的形象。这样一来，世界也会感受到这种负面情绪，然后反作用于我们，将普通、平凡、贫穷、卑鄙、肮脏的事情降临到我们身上。

如果我们的内心被束缚在那些不好的事物上，那些不好的东西就会一直萦绕在周围，不断消耗我们，并在生活中制造各种麻烦。相反，如果我们一直能够专注那些美好的事物，那么生活就会被那些美好的东西充斥，我们的生活质量也会越来越高。我们内在的创造力与世界是相互连接的，并将我们内心所想的东西呈现出来，世界会给予一个反馈，并将这些想法具象化。

我们需要学会感激生活的美好，感激之心帮助我们界定了事物的形式和性质，并帮助我们真正得到那些美好的事物。

此外，我们的信念也植根于感恩之心当中。当心怀感恩的人不断期待那些美好的事物时，个人的期望最终变成一种信仰。从某种意义上来说，感恩之心所获得的反作用力就是心中所产生的信念，我们的感恩行为每增加一次，个人的信念就会增强一次。而没有感恩心态的人，无法维持生活中一贯的信仰，也无法运用创造性的方法追求财富。接下来，我们将会在文中进行深入探讨。

对每一个人来说，养成对美好事物心怀感恩的习惯是很有必要的，我们需要懂得对自己所遇到的每一个美好事物说声感谢，因为我们遇到的所有事情最终都能够帮助自己取得进步。

从现在开始，我们不要再浪费时间去思考或谈论那些身处高位的人有什么缺点，或者犯下什么错误。他们所组织和管理的世界一直都在帮助我们创造各种成长的机会，我们现在所拥有的生活，也是他们带来的。很多人会对政客的腐败行为感到愤怒，并且采取一些过分的行为进行反对，但事实上，如果没有这些政客，整个世界将陷入无政府主义的混乱状态，我们生存和发展的机会也会大幅度减少。

整个世界一直都在兢兢业业地维持运转，为我们创造了工作和政府机构，并且还会继续运转下去，而随着这些工作的推进，世界将会不断推动财阀、托拉斯巨头、行业领袖自动消失，只不过到目前为止，他们仍然具有存在的意义和价值。我们需要记住一点，这些人也曾为我们追求财富创造各种条件，所以我们一样要心怀感恩，这样才能够确保自己可以和那些美好的事物建立更和谐的关系，并引导那些好的东西向自己靠拢。

# 8
# 独特的思维方式

一般来说，对于自己所期待的那些东西，人们必须先在大脑中构建一幅具体的图画，否则，我们无法将这种思想和观念传递出去，并感受世界的反作用力。

在我们能够给予和付出之前，必须先拥有足够的资源。许多人之所以无法将自己所想的东西传递出去，就是因为他们对于自己想要做的事情、想要获得的东西，并不清楚，他们的大脑中只有一个非常模糊的概念。

人们应该拥有一个总体的财富欲望，仅仅依靠"我想过富裕的生活"这种普通愿望是远远不够的，因为这个世界上的每个人都拥有类似的想法。

假如人们将获取财富的动机定义为只是为了满足去旅行、增广见闻、丰富生活体验等需求，那是远远不够的，因为这些愿望太普通了，每个人都会产生这样的欲望。如果人们向朋友发送一条无线信息，不会只传送英文字母的顺序，然后让朋友自己运用这些字母来组合信息，也不会随机从字典里挑几个字然后传递出去，通常情况下，为了实现顺利沟通，人们会发送一个完整且意思明确的句子。

同样地，当人们试图传递自己的渴望并希望这个世界给予正向的反作用力时，也要记得描述一条意思完整的信息，人们必须非常明确地告知对方自己想要得到的东西是什么。如果是一些不成熟的渴望或者莫名其妙的欲望，那么人们将永远也无法将创造财富的理念落实到具体的行为当中。

我们需要像描述理想家园那样来描述自己内心的欲望，需要构建强烈的画面感，不妨在头脑中想象一下自己想要获得的东西的清晰图片，然后告诉自己：我希望得到它时会是什么样子。

我们必须将这个清晰的图像深深印刻在心里，就像那些在大海中航行的水手一样，他们总是将自己要驶向的港口深深记在心中，我们必须一直朝着这个境界努力。如果头脑中有关欲望的意象一直都处于模糊不清的状态，我们就会像看不清罗盘的水手那样，完全失去前进的方向，最终也无法顺利到达想要去的那个港口。

当然，我们也没有必要因此就花费大量时间去练习提升自己的专注力，也没有必要安排大量时间进行祈祷，更没有必要让自己安静下来去参加所谓的心灵课程，尽管相关的培训和祈祷会起到一定的作用，但真正要做的是人们必须清楚地知道自己究竟想要获得什么，然后对这些东西满怀渴望，直至这些东西深深印刻在我们的思想中。

在空闲的时候，我们应该花费更多的时间来思考头脑中的那些意象，事实上，我们根本不需要接受专业的培训，就可以将注意力集中在自己期待的事物上，除非我们从一开始就没有真正关心过内心的渴望，这时候只能寄希望于各种训练模式。

如果我们真的想要变得更加富有，对财富的渴望强大到完全占据了自己的大脑，并引导自己努力追求相关的致富目标，就像磁极吸引罗盘上的指针一样，那就不妨花点时间按照这本书的指导去尝试。这本书中提到了很多方法，本身就是为了帮助那些想要追求财富克服内心的惰性和安逸思想的人。

人们渴望得到的事物的意象越清晰，他们就越是可以高效地投入，找出那些能够增强愉悦感的相关细节，并以此来增强内在的渴望。当人们内在的渴望越强烈时，就越容易将自己的思想专注在想要获得的事物的意象上。

不过，除了构建一个明确清晰的意象之外，我们还有更重要的事要做，因为一个只有想象力的人最多只能算是一个梦想家，他们内在蕴藏的实现目标的力量往往很少，甚至一点也没有。

构建明确意象，其目的就是在实际行动中去实现它，将它从思维层面落实到现实生活中，变成一个具象化的实物。除此之外，我们还必须拥有实现意象转化的坚定信念，这个信念就是：我们能够意识到那些内心渴望的事物已经属于自己了，已经出现在自己手中了，我们要做的就是牢牢抓住它们，占为己有。

我们的思想和想象力通常会先一步而行，然后相关事物的实体会慢慢围绕着自己出现，在精神层面上，我们需要充分享受渴望带来的那种状态。

有位哲人说过："无论你们祷告和祈求什么，只要相信自己一定可以得到它们，那么最终就会心想事成。"一旦我们思考和想象某种事物，就要想着它们一直在身边围绕，要想象自己已经拥有并使用它们了，就像它们在现实生活中已经成为我们所掌控的有形财产一样。专注自己内心的意象，直到它们变得明确、具体，然后像对待自己已经拥有的东西那样的态度去对待它们，在大脑中将其据为己有，充分相信这就是自己的私有财产。我们应该在内心产生所有权的意识，哪怕只是一瞬间，也不要产生"这不是真实的"这样的信念。

除了以上几个观点之外，我们还应该牢记上一章提到的感恩心态，想象一下，当自己所渴望、所期待的东西都转化成为现实时，内心该多么感激！当一个人如果因为这些东西而感谢世界，哪怕这个东西还存在于想象之中，他也会成为一个拥有坚定信仰的人，这样的人会不断变得更加富有，会创造出自己想要得到的一切东西。

所以，我们用不着每天去祷告和祈求，不用每天都向生活诉说内心的渴望。

我们需要做的就是清楚地构想那些希望获得的并且能够优化生命的东西，然后对那些期待进行有效的整合，打造成一个更加连贯的整体。接下来的日子里，我们只需要将自己的渴望、期待传递给这个世界，然后等待着这个世界输出它的反作用力。当然，我们不需要一直重复下去，重要的是保持不可动摇的信念，坚守自己的目标，这样才可以真正获得自己想要得到的那些东西。

世界对我们的祷告和祈求所做出的回应，并不是取决于祷告时的信念有多么强烈，而是取决于我们行动时的信念有多么坚定。

也许我们会在某些特别的日子里祈求，但在其他时候则没有保持这种虔诚的状态，那么同样无法获得世界的正面回馈。有的人可能会只在某个固定时间段内祈祷，但其他时间段则把这些事情忘得一干二净，这样做一样无法获得世界的正面回馈和反作用力。

一般情况下，口头祷告比心里默默祈求会产生更好的效果，尤其是当我们明确了自己的期待，强化了自己的信念时，这种效果更加明显。当然，这并不意味着我们强化了信念，就一定可以获得自己想要的东西。

人们需要坚定地守护自己的欲望以及获取财富的信念，并且下定决心去获取自己期待的那些东西，这才是真正应该去做的事情。

记住我所说的那句话："相信你能获得自己想得到的东西。"

一旦我们在心中描绘出了清晰的愿景，就可以开始用祷告的方式向世界表达我们的感激之情。也就是说，从那一刻开始，我们必须在内心深处接受自己想要得到的那些东西。

当我们想象自己住进豪华的新房子，穿着华美的服饰，开着豪车四处旅行，并计划着开启更加伟大的人生旅程时，在内心深处必须给自己这样的暗示：我已经拥有了这一切。在很多时候，我们需要想象一个自己所期待的生活环境和经济水平，并幻想自己在这样的生活中感受幸福和愉悦，我们需要一直保持这样的意念，一直等到它们在现实生活中被一一实现。

但是一定要注意一点，人们如果只沉迷于各种想象和意念之中，却缺乏实际行动，那么最终只能算作一个空想家。人们必须懂得坚守自己的信仰，坚定自己让一切美梦成真的决心。人们应当谨记：信念和决心，恰恰是科学家和梦想家在运用想象力方面的最大差异。

了解了这些事实，接下来我们要做的就是掌握正确运用意志力的法门。

# 9
# 合理运用我们的意志力

按照科学方法来致富的话,人们就不能将自己的意志力强加到自身以外的任何事物上。无论在什么情况下,人们都没有权力向外界事物强加自己的意志。将自己的意志强加到别人身上,让别人屈从自己的意志行事,这是一个完全错误的做法。

运用精神力量强迫他人,与人们运用身体优势胁迫他人,本质上并没有什么区别,只不过是运用的方法不同而已。一个人依靠强大的体力抢夺他人的财物,是赤裸裸的抢劫行为,依靠强大的意志力从他人手中掠夺财物的行为,也是一种抢劫。

任何人都没有权力将自己的意志强加到别人身上,哪怕这个人一直在强调自己这样做是为了别人好,事实上人们并不清楚什么才是对他人好、什么样的行为才是真正对他人好。科学的致富方法并不需要人们运用任何形式的逼迫性力量来强迫他人屈从自己的意志，连一点必要性都没有，一旦我们开始产生利用他人的企图心，就会导致自己在追逐目标的过程中面临失败。

人们也没有必要将自身的意志力强加到外在事物上，强制性地将它们变成自己的私有财产，这无疑违背了世界运作的规律，是一种非常愚蠢且毫无意义的行为。

我们不必试图迫使这个世界为我们提供更多更好的东西，就像我们没有办法将意志力强加给太阳，并让它为我们升起一样。

我们也没有必要运用意志力去征服那些对自己不友善的东西，或者迫使那些与自己利益相违背的力量来屈从自己，这个世界对我们已经足够友善了，它可能更加迫切地想要帮助你心想事成。

所以对于我们来说，想象真正实现财富的大幅度增长，只需要将意志力运用在自己身上就可以了。

当人们知道应该怎样进行思考，以及怎样付诸实践的时候，就需要运用意志力推动自己进行深入思考并及时采取正确的行动。只有正确运用意志力来满足自己的各种需求，才能保证自己在正确的道路上不断前进。

我们还需要运用意志力来强化自己坚守信念的决心，并确保自己能够一直按照正确的方式去做事。

对于任何人来说，都不要试图把原本强加到自己身上的意志力向外界发散，作用在其他人或者其他事物上。人们应该将全部的心力集中在自己身上，这样才能发挥出它的真实效用；反过来说，如果将全部心力集中在外界的人和事上，将无法发挥出它应有的效用。

我们应该运用自己的智慧来描绘自己想要获得某些事物的愿景，然后运用无可比拟的决心和信念来守护这个愿景，之后用智慧来驱动大脑按照正确的方式去工作。

当一个人越是拥有稳定而持续的人生信念时，财富就越是能够向他靠拢。因为这样的人总是会向世界传递积极的信息，这样可以激发出世界最强大的反作用力，而那些负面理念则会不断消耗和损坏世界原有的正面回馈。

我们已经知道了这样一个事实：当我们对自己期待的东西产生了渴望，并对所构建的具体图像产生更为强大的信念和决心时，自己就开始真正融入整个世界，并渗透到世界的各个领域和方方面面。

伴随着个人渴望和信念的传播，整个世界都会为个人自我目标的实现而开始运转，无论是有机物、无机物，还是那些尚未被开发和创造出来的事物，都会参与运作，作用于同一个方向上。不仅如此，在世界各个角落的人，也会被这种精神能量感动，为了实现个人的愿望，他们会不断围绕着这个人去努力，做一些有助于个人将内心的愿景变成现实的工作。

我们也可以从其他方面来印证这一点，如果人们一开始向世界传达各种负面的观念和消极的情绪，并期待着它可以像通过坚定信念的传播那样来实现愿景，那么怀疑和不信任的心理最终会让那些美好的梦想远离自己。许多人一直都在寻求通过一些心理科学来达到致富的目的，最终因为内心的负面情绪而宣告失败。事实就是如此，当一个人的内心被怀疑、恐惧和担忧的情绪困扰时，他的全部身心都会被那些不自信的因子占据，最终被整个世界抛弃。只有那些愿意相信相关理念的人，才能够获得自己内心一直期待的那些美好事物。

信仰就是如此重要，以至于人们需要积极捍卫它，考虑到个人的信仰经常受到自身的见闻和思考方式的影响，人们需要管理好自己的注意力，以便坚定自己追求美好生活的信念。

在这个时候，一旦意志力发挥作用，我们就可以通过意志力控制好自己的注意力，将人们的思维集中在具体某一件事上。

如果一个人想要成为真正的有钱人，那么他根本就不应该去思考和谈论贫穷。

如果人们总是朝着内心期待的美好事物的反方向进行思考，那么那些美好的东西最终也不会实现。就像我们一直研究疾病、思考致病因子一样，这并不能帮助我们远离疾病，获得一个健康的身体。同样地，总是将注意力放在对罪恶的研究和思考上，也不会真正促进社会正义的发展。以此类推，当人们将注意力放在研究和思考贫穷的问题时，无法因此而获得更多的财富。

这个世界往往就是如此，一直侧重于研究疾病的医学，反而在不断增加的疾病面前感到有心无力；一直强调抑制罪恶的社会信仰，反而要面对日益增加的罪恶。现代经济学一直在研究如何让人摆脱贫困，但这个世界的穷人越来越多，人们的需求越来越多。

所以真正想要获得财富的人，不要总是谈论贫穷，更不要将大部分精力放在了解和关切他的工作上，更不要担心自己一辈子都会陷入穷困状态，以及造成贫困的相关原因，因为这些东西就本质来说，和自己根本没有什么关系。

我们真正需要关心的问题是找到摆脱贫穷走向富有的方法，而不是将大量时间花在一些所谓的慈善工作或慈善活动上，我们一直致力于消除贫穷的爱心通常只会让贫穷继续下去。这并不是说，我们要保持冷漠的态度，拒绝倾听他人的声音，但尝试着运用传统的方式来消除贫困，的确不是一个好方法。聪明的人会把贫穷的概念完全置之度外，把有关贫穷的想法完全抛弃，他们会将全部精力集中在能够让自己变得更加优秀的事情上，这才是一个人帮助穷人摆脱贫穷最好的方式。

总的来说，如果一个人的心中充满了各种与贫穷相关的意象和想法，他将无法获得更多的财富。

我们在内心深处去想象贫穷的样子，无助于摆脱贫穷的状态，真正消除贫穷的方法，就是在人们的内心构建更多体现财富、丰足以及创造财富可能性的图像。

而拒绝被那些悲惨的案例充斥内心，并不是要让我们对那些遭受苦难的穷人视而不见。

贫穷是完全可以被消除的，只不过消除它的方法不是让富人去思考贫穷这件事情，而是引导更多穷人在内心产生成为富人的决心和信念。

对待穷人的时候，绝对不能直接提供物质上的帮助，而要传授他们获取更多物质和财富的方法。那些慈善机构可能会分给穷人一块面包来充饥，但也只是让那些生活在不幸生活中的穷人得以苟延残喘。那些慈善机构让穷人享受一点娱乐，也不过是让他们在娱乐活动中享受片刻的幸福。只有提供一些真正可以帮助他们致富的方法，才能让穷人真正摆脱贫困生活带来的痛苦。真正想要帮助穷人的话，就应该反复向他们灌输这样的观点：他们原本就有机会变得更加富有。人们可以向穷人阐述一些通过白手起家致富的例子，证明自己的观点是正确的。

因此，能够帮助这个世界摆脱贫穷的唯一方法，就是让更多的人阅读这本书，让本书的相关知识点来指导实践活动。

与此同时，我们必须这样教导他人：财富源于自身的创造，而不是来自人与人之间的竞争和掠夺。

通过竞争手段变得富有的那些人，通常会想办法收起那些曾让自己努力向上爬的梯子，以便拒绝让更多的人通过这样的梯子追赶自己的脚步。而那些凭借自身创造力来实现财富增长的人，会想办法开辟出一条可以引导更多人追随自己的道路，让那些跟随者按照自己的理念和方法创造更多的财富。

从现在开始，人们应当减少怜悯、观察、阅读、思考、倾听和贫穷有关的东西，要尽量避免谈论贫穷，而这并不代表自己要做到冷酷无情或者毫无人性，而应该运用自己的意志力限制产生任何与贫穷有关的想法，将自己的全部精力放在创造希望、创造财富的坚定信念上。

# 10
## 意志力的深入和强化

如果一个人总是把精力集中在那些与财富完全相反的意象中，他就无法构建起一个足够真实和非常清晰的财富观，无论他内在专注的那些意象是客观存在的事实，还是存在于假象状态的主观意识。

一个人即便以前遭受过经济上的困难，也不要总是抓着这件事不放，反反复复进行讨论，最好的办法就是连想也不要去想这些事情，让它完全成为过去式。人们也没有必要去谈论父母那一代人的贫穷经历和早期生活的各种艰辛体验。一旦人们经常对此评头论足或者进行回忆，实际上就是在思想层面上将自己推向穷人的行列之中。而这样做只会阻碍自己追求生活中那些美好的东西。

我们已经了解并接受那些符合宇宙万事万物发展规律的科学理论，

然后毫不犹豫地将自己构建幸福生活的全部希望寄托在这些理论上，此时如果还要费尽心力去关注那些与这个理论完全相反的谬论，自己恐怕得不到任何好处。

那些宣扬世界末日马上来临的书籍、那些试图揭发和描述各种社会黑暗面的作品、那些来自悲观主义哲学家的消极论调，我们应该尽量与之保持距离，那些人总是尝试着向你灌输这样的思想：世界正在被恶魔侵蚀和掌控。但这个世界永远也不会变成地狱，它永远都像天堂那样美好，它拥有一个无限美好的未来。

当然，人生本身就会出现各种不如意、不顺心的事情，可深入研究这些让我们感到心烦意乱的事情究竟有什么意义呢？那些看起来很不好的事情最终会随着时间而消逝，它根本不会一直成为困扰我们的大麻烦，如果我们总是沉浸在那些带来悲伤、带来恐慌、带来烦恼的事情里，那么我们的情绪和思想就会被这些不顺心的东西捆绑。所以，千万不要将大量的时间和精力浪费在那些最终会消逝的事情上，真正应该做的事情是多花点时间来关注自己的成长，将注意力集中在当下，从而有效消除那些带来烦恼的事情。

我们经常会关心那些生活条件糟糕的国家、地区，对于他们的遭遇感同身受，可是一旦我们在上面花费太多的时间和精力，我们的时间就会被白白浪费掉，我们追求美好生活和财富的机会也会被破坏掉。

对于我们当中的任何一个人而言，真正值得关心的应该是如何让世界变得更加富裕。

一旦我们开始在头脑中构思那个理想中的富裕世界时，贫穷就会真正在我们的生活中消失。在这里，我不得不再次强调一点：财富是创造出来的，而不是通过竞争来获取的。

我们需要将自己的注意力全部放在对财富的追求上，拒绝关注贫穷。即便是偶尔想起或者谈到穷人时，也要在头脑中去想象他们正在变得越来越富裕，应该对他们身上发生的这种变化给予祝贺，而不是像过去那样给予更多的同情和怜悯。当我们用乐观、积极的眼光来看待穷人时，就会给他们提供更多的鼓励和鞭策，就可以帮助他们更快地寻找到自己的致富方法。

虽然我一再强调人们要专注于寻找变得更加富有的方法，但这并不意味着人们可以不择手段地获取财富，也并不意味着人们要运用一些卑劣的手段达到目的。

人们完全可以将"变成富人"当作人生的重要目标，而在追求这个目标的过程中，我们同时又能够实现其他的目标。

如果人们主张通过竞争来获得财富，那么他们会进入一个充满竞争的领域，这个时候，获取财富的全部努力会变成弱肉强食机制下的残忍掠夺，可是如果我们只想要通过创造的方式来获得财富，情况就会变得完全不同。那些包含伟大的理想、自我牺牲的奉献精神以及崇高目标的致富道路上，我们所梦想的一切都可能会实现，因为我们可以利用现实生活中的万事万物，来实现各种目标。当然，我们不能够将自己的目标定得太高、太大。此外，我需要再次强调：如果你想要变得富有，就要将全部的注意力集中在自己所描绘的那些美好愿景上，然后将那些模糊不清的意象、图片全部消除掉。

有些人之所以一直处在贫困状态，只是因为他们长久以来都忽略了一个事实，那就是财富始终是为他们而存在的。当然，告诉他们这样的事实，并期待他们可以接受这些观点，最好的方法就是通过自己的亲身实践，向他们展示获取财富的方法和过程。

还有一些人之所以长久活在贫困之中，只是因为其太懒惰，以至于他们明明知道有致富的方法，也不愿意在实践中进行尝试。面对这一类人，最好想方设法激发他们内在追求财富的强烈渴望，通过各种展示，向他们灌输这样的理念：个人的幸福和快乐是建立在获得财富的基础上的。

也有一些人之所以长期陷入贫穷之中，是因为他们根本不了解科学的概念，长久以来都迷失在科学的迷宫之中，不知道出路到底在哪里。这类人尝试过将各种理论结合在一起，但最终都面临失败。面对这样的人，最好的办法就是向他们传输自己获得成功的相关实践经验，指引他们走上正轨，督促他们将相关理念运用到生活实践中，毕竟一个人阅读和学习再多的理论知识，也不如在生活实践中去总结经验。

我们为这个世界所能做的最好的事情始终是努力做一个最好的自己。

在我们为这个世界作贡献，以及为人类造福的所有行为中，努力让自己变得更加富有是最有效的一种方法。不过这里需要注意一个前提：我们是通过创造的方式来积累财富的，而不是运用竞争和掠夺来获取财富。

另外，我们必须保证这本书列出了有关科学致富方法的全部细则，如果人们愿意相信书中的知识，那么就没有必要去花费时间阅读其他同一类型的书籍了。尽管这样的话听上去显得过于狭隘和自负，但相信我说的，我并不是随口说说而已，而是经过深思熟虑的。在数学计算方法当中，除了加、减、乘、除之外，就没有其他更科学的计算方法了；两点之间最短的线段永远也只有一条而已。这就是科学，而符合科学的思考方式，是帮助我们能够以最短的路线直达目的地的唯一一种方法，在我看来，目前还没有人可以提出一套比这个更为简明扼要的理论系统。这本书总结了相关的致富科学理论，然后取其精华，去其糟粕，并且不断深化了那些核心理念，当你开始接受本书所提供的观点时，就需要抛弃其他的理论和观点，彻底放在一边，不要去关注也不要去了解。

我们需要每天都阅读一下这本书，将书中的内容牢牢记在心里，不要去思考其他的体系和理论知识，一旦我们做不到这些，内心就会产生怀疑，我们的意志力也会出现动摇，然后失败就会接踵而来。而当我们依靠书中的指示获得大量的财富之后，只要自己愿意，想要了解多少理论体系都没有关系。

在日常生活中，我们需要养成良好的习惯，比如在阅读生活中的各类新闻时，记得挑选那些最积极、最乐观的评论来看，确保内心的愿景可以与自己所处的世界达成和谐的局面。同样地，我们不要去接触神学、唯心主义这样的研究，也许就像神学家所谈论的那样，那些消失的灵魂一直在世界上游荡，而且就在我们的周边，可即便是这样，我们也不要去关注他们，我们真正可做的就是专注于自己的生活、专注于自己的工作，把自己当前的事情做好，那就够了。

也许那些消失的灵魂有自己的使命和工作，我们无权去干涉他们，也无法为他们提供任何的帮助，而且就连他们对我们能够施加什么影响力这件事也要打一个问号，就算他们会影响和帮助我们，我们也没有权力去要求他们必须牺牲更多的时间来提供帮助。我们还有一个最重要的工作要完成，那就是变得富有。如果一个人开始受到神学的蛊惑和影响，那么他的精神可能会濒临崩溃，他有关生活的种种美好希望和愿景也会一一破灭。

到目前为止，我在前面章节中所谈到的内容，已经能够证实下面的一些观点：

这个世界的本原负责创造万事万物，并且充斥宇宙各个角落。

世界的本原依赖某种机制来创造事物，人们要与世界构建连接，并在思想中构建内心所期待的相关事物的意向，最终将其转化成为实物。

为了实现意象和实物的转化，人们必须把传统的落后的竞争思维，转化为创造性思维。人们要把内心的意象设定为一个清晰的画面，将其深深印刻在心中，之后构建坚定的信念去追求自己想要的那些美好事物，并将任何可能动摇决心和意志力、模糊梦想、摧毁自信的不良思想排除出去，禁止它们入侵自己的大脑。

除了做好以上几个步骤，我们还要弄清楚应该遵循什么样的规则去做事，找到最合适的方法。

# 11
## 遵守特定的行动法则

　　严格来说，我们的思维本身就是一种创造力，它可能还会促使那些能够发挥创造力的行为产生应有的号召力，正因如此，如果我们需要按照一定的方式进行思考，就能够带来更多的财富。不过这并不意味着依靠所谓的空想就可以获取财富，我们需要采取相应的具体行动来落实个人的思考。很多思想家之所以会遭遇失败，就是因为没有将自己的思考与具体的行动结合起来。

　　不经过自然进化的流程和具体的实践操作，就直接通过整个世界来创造一切？我们目前还没有进化到这样的发展阶段——尽管这个阶段是可能实现的。但是，就目前的情况来说，我们不能仅仅停留在思考阶段，而需要将具体的行动作为思考之外的一种补充，两者必须结合起来。

　　我们可以设定获取黄金的相关意象，形成清晰的画面，然后强化自己和黄金之间的那种联系，但金矿从来不会自己从深山中走出来，也不会自己提炼出纯度很高的黄金，更不可能自己进行锻造，直接变成金灿灿的金币，然后自己跑到我们的口袋中。

按照世界本源规定的那一套机制，我们每个人都在按照特定的规则有序地工作，其中一部分人负责开采金矿，一部分人负责提炼和锻造，一部分人负责交易，并把黄金放到我们面前。我们也需要安排好自己的工作，为了获取黄金，我们必须做好足够的准备，以迎接黄金的到来。

依靠思想和信念，可以引导我们创造自己想要的那些东西，无论是有机物、无机物，只要我们的思想足够强大，万事万物都可以作为我们实现致富目标的工具，但前提是我们自己也需要做好足够的准备，只有这样，当心中一直想要获取的东西出现在眼前时，我们才有能力去抓住它们。这也是为什么我一直在强调，获取财富绝对不能依靠慈善家的慷慨馈赠，也不能依靠偷窃行为，人们需要懂得给予他人更多的回报，对方曾支付给我们一些金钱，那么我们则需要给予对方比这笔钱多得多的使用价值。

科学地思考有一个重要的功效，那就是帮助人们在头脑中形成一个独特的和明确的意象，而人们最终是否可以获得内心所期待的那些东西，完全取决于自己是否能够意志坚定地追求自己的目标，能否一直都对自己得到的、拥有的东西心怀感恩。

永远不要试图运用一些富有神秘主义的方法或者一些超自然的方法来传递自己的思想，你如果认为通过这些方式可以让自己想要做的事情自动完成，那就是在白费力气，而且还会损害人们正常的思考能力。

将思想落实到具体的行动之中，并以此来获取财富，关于这一点，我们在之前的章节中已经做了详细的说明和表述：我们的信念和决心会强化世界对我们内心愿景的接收，而这个世界本身就一直都在推动人们不断得到进步和优化，因此，当世界接收到我们内心的愿景时，就会反馈给我们更多具有创造性的能量，通过正规的渠道向我们施加各种反作用力。

我们的工作重心并不是指导和监督创造财富的整个过程，我们真正要做的是牢记自己的梦想，坚持向自己的目标前进，坚定成功的信念并对自己生活中接触的一切东西心怀感激。

除此之外，我们需要遵循特定的社会法则去做事，这样一来，当我们的梦想开始实现时，自己早已经做好了迎接它到来的准备；当我们真正拥有那些曾在内心无比期待的美好事物时，就可以将它们更合理地安排在我们的生活当中。

很快，我们就会发现这样一个真相：我们想要得到的那些东西往往在别人那里，而别人通常会向我们拿出具有同等价值的物品进行交换，我们只能给予对方内心所求的那些东西进行交换，从而更加顺利地获得自己想要和需要的东西。

如果我们没有付出足够多的努力，我们的钱包将始终干瘪如初，它不会自动变成一个鼓鼓囊囊的聚宝盆，也不会给我们带来大量的金银财宝。

科学致富的关键在于我们必须将头脑中的思想付诸具体的实践行动

当中。当然，有很多人虽然一直在拥有着强烈而持续的欲望，而且也能够将相关的思想和创造力集中落实在具体的行动上，可是富有的生活依然与他们绝缘，主要的原因就在于当内心所想的事物真正来到面前时，他们根本没有做好准备来接纳这些东西。

通过合理的思考，我们可以吸引那些内心所想的美好事物靠近自己，但只有将思想付诸实际行动当中，我们才能够真正获得那些美好的事物。

无论我们打算采取什么样的行动方案，重要的是必须立刻采取行动。我们的行为不能总是停留在"过去式"，必须让自己内心的梦想形成清晰的画面，必须在头脑中消除过去的那些事物。我们也不能总是想着"自己以后一定会采取行动"，因为未来始终没有到来，在美好的事物真正被把握之前，我们根本不知道应该如何采取行动。

我们不要总是去关注当前的环境是不是适合行动、当前行动的时机是不是足够好，不能因为这些环境和时机不好就推迟行动，然后等待最佳的环境和时机到来。我们不应该花费时间去考虑究竟应该怎样去应对未来的突发事件，反而应该相信自己，一旦出现紧急情况，自己完全有能力去妥善处理，避免自己的行动受到影响。

一个人如果在采取行动的时候，一直在考虑未来会怎么样，那么自身的行动就会慢慢脱离思想的指导，行动自然无法达到预期的效果。

所以，人们必须将全部的注意力投入当前的行动中，不要受到任何事情的影响。

人们不要仅仅将自己的创作冲动反馈给世界，然后就优哉游哉地坐在家里等，而不采取任何推动思想落实的行动。如果真的这样做了，那么我们将永远无法得到自己内心所期待的那些美好事物，所以现在就应该采取行动，除了立刻行动之外，我们无法等到一个更好的时机来落实自己的计划。如果人们开始想着为未来的所得做好充分的准备，那么从这一刻开始立即行动吧。

我们采取的行动，无论是什么类型，无论是什么方法，最终都要契合自己当前所做的工作，都要迎合当前所处的环境，也都要与当前所接触的人和事息息相关。

还是那句话，我们不能在一个陌生的环境中采取行动，不能在过去所处的环境以及将来可能所处的环境中采取行动，我们唯一能做的就是在当前的环境中采取行动。

我们不要总是为昨天的工作是否尽如人意而感到烦恼，不妨全身心去做好今天的工作。

不要试图在今天就去完成明天的工作，要知道，我们在面对一份必须去做的工作的时候，永远都会有足够的时间去完成它。

不要也不要试图通过一些神秘的、玄幻的、迷信的东西去影响周围的人和事。

不要等着环境变好了才采取行动，真正聪明的人会抓住眼前的机会，通过实际的行动来改变环境，我们可以针对现在的环境采取相应的行动，然后为自己创造出更理想的环境。我们需要更加坚定的信念和决心来面对自己所处的环境，然后全身心地对当前的环境采取行动。

不要将大量时间浪费在一些不切合实际的空想和幻想上，与其这样，还不如专注于自己的人生目标，然后立即展开行动。

有的人总是想着让自己的致富之路从一开始就走得不同寻常，但我们根本不需要去寻求一些新颖、奇怪、不同寻常或骇人听闻的方法，我们可能会按照过去已经存在的方法做事，但现在我们需要做出改变，因为我们开始意识到只要按照特定的法则去行动，就可以让自己变得富有。

如果我们在从事某项工作之后，突然意识到这份工作并不适合自己，那么不要想着"等我找到合适的工作再离职"，我们必须立即放弃当前的工作。我们没有必要因为处在一个不合适的位置上就垂头丧气，一时的错误并不意味着永远都会犯错，选择了一个错误的行业，并不代表一辈子都会做出错误的职业选择。

所以，我们应该先描绘出理想的工作愿景是什么样的，然后坚定信念和决心，努力向着这个目标前进。当然，前提是我们需要活在当下，做好当前的工作，以此为跳板，将当前的工作环境作为寻求更优质环境的工具。如果我们对于自己获得合适工作的愿望拥有更加坚定的信念和强大的决心，那些适合自己的工作就会慢慢靠近自己，接下来，只要我们按照特定的规则采取行动，那么最终就可以得到理想的工作。

如果我们只是一个普通的雇员或者工人，我们一直想要通过跳槽的方式来找到一份更理想的工作，那么千万不要觉得只要自己传递了这样的想法，这个世界就会为我们奉上一份理想的工作，这样的想法注定会遭遇失败。

坚守自己内心的愿景，坚定内心的信念，强化内在的决心，从这一刻开始就全力以赴去追求目标，我们才能真正获得理想的工作。

我们的信念和决心会激发世界提供一个反作用力，然后让理想的工作慢慢靠近我们，此时我们只要在当前环境下立即行动，就会将我们带到一个更理想的环境当中。只要对这一章节的内容进行分析和总结，就会发现，我们对之前的内容做了一些添加，增加了新的观点：

世界按照某种特定的机制创造万事万物，我们将头脑中形成的意象传递给世界，并获得世界输送的反作用力，以便帮助我们创造出更多的实物。

而为了真正创造实物，我们要改变思维，将竞争思维转化成创新思维，在头脑中构建清晰的画面，然后形成坚定的信念和强大的决心，并以此来引导自己追求那些美好的事物。与此同时，我们要排除任何可能动摇决心、模糊意象、摧毁自信的想法，然后按照特定的准则行动，正确看待当前的人、事、物，确保理想的目标出现在眼前时，可以立即抓住。

# 12
## 每一次行动都必须卓有成效

按照前面章节中提到的方法，人们应该懂得运用自己的思想，并将思想及时落实到行动中去，无论自己身处什么样的环境中，都要做到全力以赴。

一个人想要获得真正的进步和发展，就应该确保自己的能力超过胜任当前岗位职责所需的能力，事实就是如此，如果一个人无法很好地完成当前的工作，他也就无法在更高职位和岗位上发挥作用。

只有那些不断充实自我、不断实现自我提升的人，才能够真正推动这个世界往前发展。

如果我们无法在各自的岗位上发挥作用，无法对自己的工作认真负责，那么就会发现周围的一切事物都会不可避免地出现倒退。当人们无法完成自己的使命，无法尽到自己应尽的职责时，就会给社会、国家以及商业团体带来沉重的负担，因为他们无法完成的工作，只能让其他人替代，这就导致其他替代者不得不花费更大的代价。那些不肯好好工作的人，最终只会拖慢世界前进的脚步，这样的人更适合在远古时代生存，毕竟他们与生俱来的能力已经完全退化了。总的来说，当每个人都无法胜任自己的工作时，整个社会根本无法取得进步和发展，因为社会本身就是随着人们身体精神的演变而进步的。

在整个动物世界中，物种的进化源于对生命的不断超越，当一个有机生命当前的技能无法突破生命的潜能时，就会促使它进化出更高层次的器官，这个时候，一个新的物种就开始诞生。如果任何一个物种和有机生命体都不愿意超越自我，那么新的物种就不会出现。对于我们每一个人来说，这样的法则同样适用：一个人能否拥有巨额的财富，取决于他是否愿意将这个进化法则运用到自己的人生发展规划当中去。

从某个角度来说，我们每天过的生活，要么是成功的，要么就是失败的，如果我们每天都在期待获得美好事物，那么每一天就都是成功的；反过来就是失败的，而这样的失败会导致我们远离财富。而每一天都过得很成功的人，会在获取财富的道路上真正获得成功。

我们经常说今日事今日毕，如果人们没有做到这一点，那么从事情本身而言，我们是失败的，而这样的失败在日复一日的累积中，会对我们的未来产生无法想象的破坏。

即使是一些微不足道的行动，我们常常也无法预知它究竟会产生什么严重的后果，我们根本无从得知这个世界会在我们实现内心愿景的行动中提供什么样的反作用力。很多时候，这些反作用力会产生什么作用，完全取决于我们是否采取了一些很简单的行动，而这些行动往往是我们把握住发展机会的工具。我们可能永远也无法知道这个世界为我们提供了什么样的资源，我们在日常工作中对一些小细节、小事情的忽视，或许都会延迟我们得到那些美好的事物的时间。

对我们每一个人来说，每一天都必须竭尽全力做完所有的事情。当然，我们所能完成的事情本身也有一个限度，我们没有必要让自己陷入过度劳累的困境当中，没有必要盲目追赶工作进度，总是想着在最少的时间单位内完成最多的工作。我们不需要急着在今天就处理完明天的工作任务，更不要尝试在一天之内做完未来一周应该做的工作，我们真正要关注的是做事情的效率，而不是自己做完了多少工作。

我们所采取的每一个行动，不是面临成功就是走向失败；我们采取的每一个行动，不是有效的就是无效的，那些无效的行动最终会引领我们走向失败，将生命浪费在无效行动上，人生也会遭遇各种失败。而且我们所采取的无效行动越多，产生的恶果也就越积越多。

反过来说，我们所采取的每一个有效行动，最终都会带来成功，一旦我们每一次的行动都卓有成效，那么整个人生也就会越来越成功。

可以说，人们之所以会常常面临失败，就是因为平时做了太多无用功，而做的有效行动实在太少了。

这是一个不争的事实：如果我们可以约束自己不去做那些无效的事情，确保行动的有效性，那么财富一定会源源不断地靠近自己。如果从现在开始，努力让自己所做的每一件事都是有效的，就会意识到致富也是一门科学，而且和数学一样精确。

这样一来，我们要关注的焦点就是如何确保每一次行动都卓有成效，而这是我们能够做到的事情，只要确保每一次行动都可以获得成功，世界所赋予的反作用力就会被我们熟练运用，而这种力量足以保障我们获得成功。

只要我们懂得将这种强大的力量灌输在每一次的行动之中，就可以让它为我们所用，保证每一次行动都卓有成效。

需要注意的是，我们的每一次行动不是强势的就是弱势的，而那些强势的行动恰恰表明自己正在遵循那些能够帮助我们获得成功的特定规则。

当我们开始坚守目标，并尝试着将自己信念和决心的力量灌注于相关的行动中时，我们的每一次行动都会变得有力且高效。而那些试图分离精神力量与具体行动的人，注定了会在生活中遭遇失败，这就是失败的根源。很多人可能会在某些时候、某些地方释放精神力量，而在其他时候、其他地方则抛弃精神力量而单独采取行动，这使得他们无法获得成功，因为这样的行动往往是无效的。如果我们能够将自己的精神力量灌注于每一次的行动当中，那么即便是一次非常普通的行动，也能够带来意想不到的成功，而每一次类似的成功又会推动我们为下一次的成功开辟通道，或者奠定基础，这是必然会发生的事情。这就像我们正朝着目标前进时，目标同时向我们走过来一样，成功的距离会快速缩短。

我们应该谨记这一点，成功本身就是一次次成功行动所累积的结果。而所有的人和事物都有渴望完美生命的需求，当我们开始向美好生活前进时，更多美好的事物也会跟着出现，对于我们实现个人目标所带来的影响力将会呈指数式增长。

所以，我们每一天，都要尽自己全部的努力采取有效的行动。

正如我说的那样，无论这个行动是多么琐碎和渺小，我们都必须坚守自己的梦想，这并非要求我们时时刻刻都关注个人愿景的细节，而是要求我们在闲暇之余，也能够充分发挥个人的想象力，构建梦想的细节，然后仔细进行分析和思考，确保它在记忆中可以得到强化和固化。如果我们期待着可以更快地实现个人的目标，那么就一定要记得好好利用空余时间，将其用于这样的思维练习。

一旦我们进行这种持续且深入的思考，我们内心所描绘的梦想画面将清晰无比，即便是再不起眼的细枝末节也会被深深印刻在记忆当中。然后我们可以将这个梦想完整地传递给整个世界，接下来，在工作中，我们只需要想象那些具体的意象，就可以激发出最坚定的信念和决心，督促我们去获得期待的财富。

我们应该反复强化这样的训练，利用好每一段闲暇时间，尽可能想象和回顾有关梦想的画面，让它完全充斥自己的意识，这个时候自己就可以随时描述出每一个细节，然后我们会意识到自己充满热情，只要一想到这些画面，内在潜藏的能量就会源源不断地被激发出来。

此刻，请允许我再重复一遍我们之前的课程内容，并且依据当前所学习的内容，对此前的结语稍作修改：

这个世界依赖某种机制创造万事万物，人们可以通过大脑构想相关事物，然后与世界建立连接，接受来自世界的反作用力来创造头脑中的事物。为了做到这一点，人们需要将竞争思维转化成为更加合理的创新思维，接下来，人们必须将内心所构思的意象变成一幅清晰的图画，深深印刻在大脑中，然后坚定信念和决心，去追求自己心中所想的目标，每天竭尽心力去完成所有的工作，确保每一次行动都卓有成效。

# 13
## 选择最适合自己的行业

无论从事什么类型的工作，取得成功的关键在于我们是否真正具备做好这项工作所需的一些基本技能。比如，一个人如果没有突出的音乐才华，那么成为一个成功音乐家的梦想就无法实现；一个人如果没有掌握先进的机械知识，想要在机械领域取得成就无异于痴人说梦；一个人如果不具备出众的经济头脑和商业能力，那么他想要在商业领域获得成功就会变得非常困难。不过，即便人们对自己所从事的工作拥有很强的天赋，也不一定能够保证自己获得成功。有很多拥有超凡天赋的音乐家，生活始终一贫如洗；很多技艺精湛的铁匠和木匠，一直没能依靠技术挣到更多的钱；也有很多商人虽然商业天赋出众，而且对人情世故非常了解，却终究一无所成。

人们所掌握的技能往往只是获取财富的一种工具而已，拥有好的工具固然很重要，但更加重要的是人们必须掌握正确使用工具的方法。就像某个木匠可以依赖锋利的锯子、精准的曲尺和称手的刨子，制造出非常精美的家具；但同样是木匠，有些人在使用这些工具时，却只能制造出非常拙劣的家具，很显然，这些人虽然掌握了工具，但不知道如何更高效地使用它们。

我们所掌握的各种技能本质上来说都是致富所需要的工具，从这一个方面来说，选择那些可以体现自身天赋和才华的行业，无疑可以帮助我们更容易取得成功。

一般情况下，我们选择了一个体现和释放自身技能优势的行业，往往可以做得更好一些，因为这样的行业看起来像是专门为自己量身打造的一样，我们能够表现得如鱼得水。可即便如此，我们也不应该将职业选择的合理性完全定义为自己是否有天赋去做好这项工作。

严格来说，我们可以在任何行业中积累财富，也许一开始我们不具备从事该行业工作所需的技能，但我们最终将会开发出新的技能来推动自己适应这份工作。从这个角度来说，我们一直处于边前进边制造工具的状态，而不仅仅是依赖那些与生俱来的天赋来生存。从事那些能够展示自身天赋的行业，的确更容易带来成功，但这并不意味着这是我们唯一能够取得成功的行业。事实就是这样，我们完全有机会在任何一个行业中取得成功，可以激发自己去开发出任何一种行业所需的技能，因为我们本身就具备了学习、掌握任何一项基本技能的基础能力。

如果我们从事一份自己擅长的工作，那么只要通过努力就可以致富；但如果我们做着一份自己非常喜欢做的工作，那么除了积累财富之外，我们的内心还能够获得最大限度的满足。

做自己想要做的事情，这才是真正的生活，如果我们一直都在强迫性地做一些自己不喜欢的工作，始终无法接触自己喜欢做以及想要做的工作，那么我们的生活将永远也无法得到真正的满足。只要我们想要去做，就可以做到很好，这是毋庸置疑的，一个人只要拥有想做某件事的强烈渴望，那就存在做好这件事情的潜质。

渴望就是潜藏在内心深处的一种巨大能量。

就像一个人渴望演奏乐曲一样，本质上是潜藏的音乐才能在积极寻求表现和释放的机会；一个人如果对发明机械装置产生强烈的渴望，就表明内在潜藏的机械才能期待着得到更好的展示和发展。

一个人如果没有内在的强大动力来推动，无论他的才华和技能是否得到了充分的开发，自己都不会产生做这件事的强烈渴望。换句话来说，一个人想要做某件事的欲望越强烈，表明他做这件事的动力越充足，那么接下来只需要运用正确的方法开发潜藏的技能，并将其合理运用。

在不考虑其他条件的情况下，做一份最能发挥自己特长和优势的工作将是最佳的选择，如果我们对其他行业产生了浓厚的兴趣，那么就应该遵从内心真实的想法立即进入这个行业。

做自己喜欢的工作，选择一份能够带来愉悦感和舒适感的工作，这是每个人最基本的权利，没有人可以强迫我们做自己完全不喜欢的工作，除非选择这份工作只是权宜之计，以此为跳板，就能够带领我们接近自己真正喜欢的那份工作。

如果因为过去犯下的错误，而长期停留在让自己感到厌恶的行业和环境中，或者在某一段时间内不得不应付那些不喜欢的工作，其实也无关紧要，只要清楚地了解当前的工作有助于我们获得理想的工作，那么当前的工作其实也就没有那么糟糕了，反而会让我们心怀感激和喜悦。

所以当人们感觉当前的工作不适合自己的时候，不要总是着急换一份工作，毕竟，比起换一份工作，或者换一个工作环境，我们在当前所处的工作环境中往往可以获得更好的成长机会。

不过，当好的机会到来时，如果我们经过认真的分析和思考，认定这就是一个绝佳的机会，那么就不要害怕做出突然到来的改变，立即采取行动。如果人们对于自己是否要做出选择感到迟疑，或者担心这样做不够明智，那么就不要仓促行事，着急采取行动。

这个世界上永远不缺乏好的发展机会，我们没有必要急于求成。

一旦我们摆脱了竞争思维的困扰，就会意识到自己永远不需要着急做出选择，没有任何人可以阻止我们做自己真正想要做的事情，因为到处都存在各种各样的机会，即便某个心仪的机会被人捷足先登，我们也不用为此感到沮丧，因为另外一个地方会有其他好的机会在等着我们，并且我们有充足的时间来把握它。当我们对自己前进的方向产生怀疑的时候，可以暂时停下前进的脚步，不妨先回顾一下自己最初的梦想是什么，反复思考和分析，增强自己的信念和决心。而且在自己怀疑和犹豫不决的困惑中，我们也要对生活心存感恩。

我们需要花费一两天时间来好好想一想自己的梦想是什么，弄清楚自己究竟想要什么，我们应该真诚地感谢生活赐予我们这样的思考机会。这样一来，我们的思想和意念就可以与世界更加亲近，从而指导我们如何去避免自己陷入迷失的状态。

这个世界几乎无所不知，一旦我们对它报以感恩的心态，就可以通过信念和决心与之形成一种共鸣，从而有效推动生命的优化进程。

通常情况下，我们犯下错误，都是因为急于求成、片面追求速度，或者对自身的行动产生迟疑和恐惧的心理，也可能是因为我们遗忘了做事情的动机——确保在不损害其他事物的同时，推动所有的生命变得更加完美。

如果我们可以按照正确的法则去做事，那么将会等来更多好的发展机会，我们只需要坚定信念和决心，运用虔诚的感恩之心与整个世界保持完美的连接。

我们应该用最完美的方式来完成每一天应该完成的工作，拒绝被焦急心理、忧虑心理和恐惧心理绑架，我们只要竭尽全力去做就行，完全没有必要急躁。

我们应该记住这一点：一旦自己开始期待着快点完成任务，就会从一个创造者沦落成为竞争者，然后深陷竞争思维而不可自拔。

无论在什么时候，我们都要注意观察和反省自己的行为，一旦意识到自己的行动过于仓促，就要及时停下脚步，稍作休息和调整，将注意力放在自己真正想要获得的那些美好事物上，并对当前的一切怀抱感恩之心，这样就不会导致个人的信念被外在事物削弱，个人的前进目标也不会因为外界的事物而出现动摇。

# 14
## 强化自己在他人眼中的印象

无论我们是否改变职业，我们的工作行为都必须与自己现在从事的行业保持一致，我们每天都应该遵循特定的法则做事，以便能够提升自己的工作能力、积累更多的工作经验，这些举动也有助于我们找到自己真正感兴趣的工作。

如果我们的工作涉及如何与人进行交往，那么无论是面对面交流，还是彼此之间进行书信往来，其中一点非常关键，那就是我们必须向他人传递一个积极进取的形象，并给对方留下很深刻的印象。

无论是男人还是女人，大家都在积极寻求发展和进化的法门，而世界会给予足够的内在推动力，推动人们不断展示一个更完美的自己。

万事万物发展的内在本质，就是渴望对生命不断进行提升和优化，这也是宇宙得以发展的基本推动力。可以说人类的所有行动其实都源于提升生命、优化生命的一种强烈渴望。人们一直在努力寻找更多的食物、更多的衣服、更好的住所、更多的奢侈品，就是希望自己在未来某一天可以变得更美丽，可以获取更多知识和乐趣，毫无疑问，人们努力让自己获得更多更美好的东西，目的就是提升生命的质量。

因为所有的生命都必须保持持续的进步，所以一旦生命不再增长和优化，死亡就随之而来。人类对此早就了解，因此一刻不停地寻求更多更美好的东西。关于这样的定律，有一位哲人曾经用银钱打过一个比方："凡是人们拥有的，还要加倍赠予他，使他拥有的东西有更多的结余；凡是人们没有的东西，连他已经拥有的东西也都要夺过来。"

人们对增加财富保持强烈的渴望，这并不是一件应该给予谴责的坏事，它不过是人们对富足生活的一个简单期待，是人生的一种激励手段。

考虑到这种渴望是本能和天性使然，当我们面对那些可以帮助自己的生命得到提升的人时，往往会受到对方的吸引。

依照这本书中给出的各种建议，然后遵循特定的法则做事，推动自己不断成长和优化，我们将会影响到周围所有与自己接触的人。

这个时候就可以说，我们成了创造的中心，通过自己延展到别人身上，然后让所有人的生命都可以得到完美的提升和优化。

我们应该对这样的理念深信不疑，努力让和自己接触的每一个人都知道这个秘密，无论对方是男人还是女人，抑或是小孩。在日常生活中，无论是多么不起眼的交易，哪怕只是卖一根棒棒糖给小朋友，我们也应该及时传递这样的信念，同时要明确地保证对方也能够接收到这样的信念。

我们要通过自己所做的每一件事情向别人传递积极进取的印象，确保每一个人都会意识到我们就是一个"奋发向上"的人，与此同时，让接触者接收到期待双方共同进步的相关信息，即便是在社交场合中遇到和自己毫无生意往来的陌生人，我们也要将这些信息和信念传递给对方。

为了更自然地传递这样的信息，我们应该坚守"我在不断成长"这样的信念，并且将这个信念渗透、融合到自己的每一次行动当中，通过这种方式来激发出内在的激情，然后采取积极的行动。

无论我们做什么，都必须坚守这样的信念：我是一个随着时代发展而进步的人，是一个不断寻求成长和优化的人，同时还能够让接触自己的人获得成长和优化。

我们一定要给自己制造这样的印象：我正在变得越来越富有。不仅如此，还要通过这种信念影响他人，推动和引导他人获取越来越多的财富。

当然，我们没有必要向别人吹嘘自己的成就、炫耀自己获得的财富，因为在他人面前谈论这些东西毫无必要，真正建立起来的信仰根本不需要通过自夸来论证。那些喜欢自吹自擂的人，常常对生活感到怀疑和恐惧。通常情况下，我们只需要感受那种强大的信念，然后在每一次的交易中表达和传递这种信念，我们可以通过每一个动作、每一个声调、每一个表情来自然流露自己正变得富有的事实。或者说，当我们已经成为富翁，并向别人传递自己的信念和感受时，不一定需要运用谈话的方式来传递信息，别人可以从我们的一举一动、一言一行中感受到生命得到提升的气息，他们将会被我们快速吸引。

所以我们必须在他人心中留下这样的好印象：通过与我们交往，每个接触者的生命都可以得到提升和优化。这个时候，需要确保那些接触者可以意识到一点：从我们这里获得的价值将远远超过自己所付出的金钱的价值。

我们应该昂首挺胸地付诸行动，让每一个人都可以感受到我们身上散发出来的自信气息，这样一来，我们将永远不会缺乏合作者与跟随者。人们通常都愿意选择那些可以帮助自己取得进步的东西，而这个世界也在期待着我们可以获得进步和发展，因此将会指引更多陌生的人来到我们身边。这个时候，我们的事业开始红红火火，我们还将获得很多无法想象的好处，个人的事业版图将会越来越大，优势不但得到增强，只要我们愿意，还可以在此时进入自己更加喜欢的行业去奋斗。

不过在决定做这些事情的时候，要给自己的梦想制定一个清晰明确的蓝图，还要保证自己获得渴望的东西的信念和决心没有被动摇。

在这里，请允许我提出一个关于"动机"的忠告：我们必须警惕内心产生寻求更大权力并渴望统治他人的企图和欲望。

对于那些心智发展不健全或者心理发育不成熟的人来说，或许利用权威来控制别人的生活是最有趣的事情，当一个人渴望通过统治他人来满足私欲时，无疑触动了世界的一个魔咒。历史上有无数的君王为了满足扩大版图、掌控更大统治权的欲望，不惜发动各种残酷的战争，导致人间成为炼狱，他们从来没有想过为了人类发展的福祉而奋斗。

随着人们进入当代的商业社会，仍然存在类似的动机：很多人为了争夺统治权，直接选择将金钱作为一种武器，随意践踏别人的生命和心灵。商场上的那些邪恶领袖和古代的君主一样，被内心贪恋权力的思想支配。

我们必须警惕自己不会受到这一类人或者这一类行为的蛊惑，比如痴迷于获得更大的权力来统治他人，变成一个终极的统治者，或者想着某一天可以将所有人踩在脚下，又或者渴望能够用奢华的装扮来吸引他人的关注。

从某种角度来说，当一个人产生想要控制他人的心态时，就意味着已经陷入竞争思维当中。这种竞争思维比起创新思维来说，明显缺乏创造力。我们应该掌控自己的环境和命运，而没有必要费尽心力去支配他人的生活。颇为讽刺的是，一旦我们陷入争夺更高权力和位置的状态中，反而无法掌握自己的环境和命运，想要获取财富更是只能依赖运气或者投机取巧的手段了。

所以，我们必须警惕竞争心态的出现，我记得因宣扬"黄金法则"而闻名于世的前托利多市市长詹斯先生，在生前针对"如何行动才是创造性的行动"这个定义，做出非常绝妙的说明和解释，他说过："我自己如果想要得到某一样东西，必须要让每一个人都可以拥有它。"

# 15
## 奋斗吧，永不止步

在上一个章节中，我们所探讨的那些内容，适用于任何人，无论阅读者是专业人士、上班族，还是所谓的业务员，都可以从中获益。

无论阅读者是一名医生、一名教师还是一位牧师，只要他可以提升和优化他人的生命，并且帮助别人了解这个事实，那些人就会受到他的吸引，负责提升他人生命的人也能因此获得更多的财富。

如果一个医生始终坚守梦想，期待着成为一个伟大和成功的医生，他就会运用强大的信念和决心，全身心追逐自己的梦想。就像之前我们谈到的那样，他会靠近生命的本源而获得非凡的成就，那些病人自然会被他吸引过来。

除了医生之外，几乎没有什么人可以像他们一样拥有更多的机会来实践本书中的相关内容，这和医疗人员来自哪一所学校并没有直接的关系，因为对所有从事医务工作的人来说，治疗病人的初衷都是一样的。一个不断寻求发展和优化的医生，如果可以构建清晰的梦想，可以遵从坚定的信念、决心以及感恩世界的相关法则，他就可以想方设法运用全部的治疗手段医治前来看病的患者。

有不少人一直迫切希望牧师可以教导他们获取财富的学问和知识，而事实上，如果有人可以同时掌握致富的理念、健康的秘诀，以及获取成功的方法，并且愿意向所有人公布和分享自己的成果，那么就永远不会有信徒流失的烦恼。因为一个乐于分享这些成果的人，正好是这个世界需要的，他们可以传递优化生命的方法，而人们也会满怀期待地接受这些独特的馈赠，并给予传递者更大的支持。

现在真正被需要的是，想办法印证这些可以优化生命的学问和知识。人们往往需要一个可以阐述相关原理且能够做好亲身示范的伟大导师，从这一个方面来说，应该让某个成功获取财富、健康、爱情的人来做出示范和教导，传授进入同等人生境界的方法，而一旦真的有人扮演了这样的角色，他将会在短时间内吸收大量忠实的拥趸。

这样的原理对教师来说也是一样的，如果一个教师可以将提升生命力的相关信念和决心用于具体的教学当中，那么就永远不用担心自己的学生怎么教也学不会，也不用担心自己会失去这一份教学工作。对于任何一位心怀这种信念和决心的教师，都可以放宽胸怀，向学生分享成功的理念，尤其是当这些成功的理念来源于自己的生活和经历时，那么他根本没有办法克制住内心分享成功经验的冲动。

这样的方法和原理适合很多人，不仅仅是教师、牧师和医生，像律师、牙医、房地产经纪人和保险代理人也可以使用这些方法来影响他人，进一步来说，这个原理对我们每个人都是适用的。

我在前面阐述过那样的观点，思想只有和具体的行动相结合，才能够产生可靠的力量，人们也就不可能面临失败。无论是男人还是女人，只要按照本书提供的那些方法坚持不懈地做下去，就可以成功获取更多的财富。

可以这样理解，优化生命的法则本质上和万有引力定律是一样的，它们即便经历时间的变化也不会发生任何改变，有关如何致富的知识本身就是一门精准的科学。

对于上班族来说，可以运用这些观念来提升自己。平时不要因为自己一直得不到晋升的机会，不要因为自己挣的钱比花的钱要少，就觉得自己不可能变成一个有钱人。我们应该在头脑中构建一个清晰的梦想和目标，并且坚定自己的信念和决心，坚决采取行动。

我们每天都要竭尽全力去完成自己职责范围内的工作，并且以最完美的方式去完成每一件事，确保整个工作的过程都融入了渴望获得成功的动力以及致富的决心。但我们不能去做那些纯粹为了讨好老板的事情，也不能总是期待着自己的表现可以受到上司的关注并因此获得提拔，这些都是不好的行为。

一个努力工作，在自己岗位上可以竭尽全力奋斗且安分守己的好员工，对他的雇主来说，确保这个员工一直在原有的岗位上发光发热，才是最好的选择。从这个角度来说，老板绝对不可能轻易提拔这个员工。

为了获得晋升的机会，人们需要想办法不断进步，实现自我超越，此外还需要满足其他一些必要的条件。

如果一个人拥有的能力远远超过当前职位所要求的能力水平，同时他对自己想要成为什么样的人保持清晰明确的认知，不仅如此，他还具有坚定的信念和强大的决心，那么这个人最终一定会获得上司的提拔。

对于一个雇员来说，千万不要为了取悦老板而努力工作，一个人应该为了自身的发展去努力工作，付出自己的一切，无论自己在工作期间、工作完成之后，还是在工作开始之前，都应该坚定自己成长的信念和优化自己的决心。这样一来，无论是领导、下属、同事、朋友，还是那些和他接触过的每一个人，都能够感受到那一份决心中隐藏的强大力量，一种能够帮助任何一个人推动自己成长和进步的力量，人们都会被吸引过来，这个时候，哪怕这个雇员无法在现在的岗位上获得晋升，也将在另外一个工作岗位上得到发展的空间。

现实生活中存在这样一种力量，它可以持续不断地给那些遵循法则且不断寻求自我优化的人提供更多成长的机会，事实就是如此，如果一个人能够按照特定的法则做事，那么冥冥之中就会有一种力量推动他不断向前。

事实上，没有任何一种环境和行业的变化能够阻挡我们前进，如果钢铁行业的工作无法让我们变得富有，那么经营一家农场或许有机会让我们变成有钱人。一旦我们开始遵照某种特定的法则做事，就可以摆脱钢铁公司对我们的各种约束和限制，然后全身心投入农业或者其他我们想要进入的行业当中去。

如果成千上万的员工都决定按照这种特定的法则采取行动，那么相信这家钢铁公司很快就会面临糟糕的处境，从这个角度来分析，钢铁公司应该为自家的员工提供更多的发展机会，留住员工，否则公司很快就会遭遇破产。没有人天生就必须为企业付出自己的全部心血，或许企业只能蛊惑那些自暴自弃的人陷入绝望，迫使他们为企业卖命，毕竟这些人根本不了解获取财富的科学方法。或者企业只能蛊惑那些过分懒惰而不愿意采取行动的人继续留在公司出卖自己的劳动力。

一旦人们开始按照这些法则去思考，遵循这些法则采取行动，强大的信念和决心会帮助他们发现更多更好的发展机会。这样的机会必定会出现在人们的面前，因为世界所赐予的那种强大力量，会引导人们做出最合理的选择。

所以，不要总是等着那些完全符合自己期待的机会出现才采取相应的行动，只要出现的机会比当前的情况更好，且自己觉得有必要抓住这样的机会，那就试着采取行动吧，因为这可能是我们获取更多更好机会的一个良好开端。

对于那些不断提升和优化自己的人来说，他们永远不缺少成功的机会，因为这个世界上根本不允许剥夺他们机会的事情出现。

这是世界上最基本的一个规律，如果一个人愿意按照某种特定的准则来指导自己的思考和行动,那么世界就会提供强大的反作用力来帮助他创造自己想要获得的东西,完全围绕着人们追求的目标而运作。这种情况下,他就一定可以变得富有。所以,上班族应该认真阅读和研究这本书,然后毫无保留地按照书中的指导性观点行事,这样就可以真正获得财富。

# 16
## 不可忽视的注意事项和结论

很多人都不相信世界上真的存在一门专门帮助人们获取财富的科学,让他们毫不怀疑的事实是,这个世界上所供应的财富是固定的、有限的,他们始终都认为,如果想要让更多人过上更加幸福、更加富裕的生活,那么社会和政府必须为此做出相应的变革。

但事实并不是他们所想的这样。

的确会有一些政府由于管理不当导致人民的生活陷入贫困之中,但真正导致人们变得贫穷的原因是,他们并没有按照特定的法则来指引自己的思考和行动。

如果每一个人都可以在实践中运用这本书中所谈到的相关知识,那么无论是什么企业组织,都不会对人们追求富裕生活产生什么影响,不仅如此,他们还会因此而顺应社会逐渐变富这样的趋势,着手完善和优化自己的管理体系。

如果人们拥有那种追求进步和自我提升的想法，拥有相信自己可以成为有钱人的坚定信念，并且能够做到朝着致富的目标前进而毫不动摇，那么这个世界上就没有任何东西可以阻止他们获取更多的财富了。

无论是什么时候，无论是什么类型的国际体制，任何人只要按照特定法则采取行动，就能够获得自己所期待的财富。而当这样的人越来越多并且形成一个可观的规模时，这个社会将会引发体制改革，然后为更多的人获取财富做好铺垫。

这个世界就是如此，当越来越多的人妄想通过竞争思维来致富时，周围的其他人反而会遭受各种各样的痛苦和伤害；而当越来越多的人拥有创新思维时，将会有更多的人因此受益。

所以，必须让大多数人都了解、接受并按照书中的内容指导实践活动，整个社会才能摆脱贫困的困扰，因为这些学习者和实践者会向更多的人展示自己获取财富的科学方法，从而激发出其他人追求美好生活的渴望，大家最终也会坚定那种依靠特定法则实现致富的强大信念。

只不过，在当前所处的发展阶段，我们只需要了解一点：无论我们的政府采用何种管理机制，都无法阻止我们变得富有，即便我们就活在资本主义国家的竞争模式下。当我们开始运用创造性思维来面对自己的生活和工作时，我们就能够跳出各种机制的限制，变成理想社会中的一员。

但我们应当记住，必须确保自己的思想一直停留在创造性层面上，不要被资源是有限的这样的错误思想误导，也不要让竞争思维来主导我们的行动，哪怕一刻也不行。

无论什么时候，我们都要确保自己在受到旧思想的蛊惑时，可以立刻纠正自己的错误，因为一旦我们真的被竞争思维控制，我们与世界的那种连接也就被打断了。

所以，除了制定一些必要的应对措施来阻止现状受到影响之外，我们根本没有任何必要去花费时间制定措施来应对可能出现的紧急情况。我们更应该集中精力确保自己可以使用一种最完美、最成功的工作方法来完成今天的工作，而不是为明天可能发生的突发事件感到忧心忡忡。事实上，即便那些突发状况真的会出现，那个时候我们也有足够的时间和能力应对它们。

不管未来的人生会出现什么样的障碍，只要我们按照特定的法则采取行动，就会发现，当自己接近那些障碍时，它们要么自动消失不见，要么自己能够轻而易举地越过它们，那些帮助我们绕过障碍的道路也会自动出现。

那些严格按照科学致富方法行事的人，无法被任何可能出现的意外事件击垮，而按照这种特定规则做事的人，也都可以成功变成有钱人，这种概率就像二乘二永远都等于四一样。

人们无须感到担忧，因为当那些可能困扰我们的困难开始出现时，通常也伴随着各种解决方案。

我们还应该注意使用一些更加积极乐观的词汇和句子来描述自己所

经历的一切，永远不要使用一些让人感到气馁和沮丧的句子来谈论自己当前的工作。

真正美好的人生，永远不应该谈论失败，不承认失败，绝对不会谈论任何失败的可能性。

永远不要说出生活很艰难这样的话，也不要说出前途一片灰暗的话，当一个人被竞争性思维困扰时，行动的时机或许真的不会很好，他的发展前途也许真的渺茫，但对于我们来说，不用担心会出现类似的情况，我们完全有能力创造出自己想要获得的那些美好事物，并且不会受到恐惧心理的干扰。

所以当别人感慨生活艰难、挣钱越来越难的时候，我们却可以在不佳的时局中找到绝佳的发展机会。

我们应该用更加成熟、更加乐观的思维来思考世界上发生的一切，以便能够推动自己变得更加成熟，并获得更大的成长，那些看起来有些邪恶的东西，或许只是它们没有发育完全而已。我们应该谈论那些推动自己积极向上的话题，绝对不要谈论一些消极的、会对自己的信仰、信念和信心造成毁灭性冲击的话题。

我们永远都不要让自己陷入沮丧的情绪当中，也许我们在某一刻会迫切地想要得到某一个美好的事物而不可得，这件事看起来很有挫败感，但坚定的信念和坚守的勇气，会让我们意识到失败不过是表象而已。透过这个表象看事情的本质，只要我们按照特定的法则做事，即便无法获得自己想要的东西，生活也会给予我们一个更美好的事物作为补偿。我们可以发现，那些看似失败的事件，其背后往往蕴藏着引导我们获得成功的契机。

我认识一个一直按照书中的指示参加实践的企业家，他曾经在心里无数次思考着如何并购另外一家企业，那个时候他一直迫切地想要实现这个目标，并且不惜花费几个星期的时间做出详细的计划和周密的安排，可是在一切都在顺利推进，并购最终也进入谈判阶段这个关键时刻，原先那一套并购方案却莫名其妙地遭遇了失败，他觉得冥冥之中有一种力量和自己作对，故意打乱自己的并购计划。不过，他并没有因此陷入沮丧的情绪，反而感谢自己遭遇的这一切，然后心存感恩，继续做好自己的工作。几个星期之后，他遇到了一个比之前更好的并购对象，要知道自己如果完成了第一次的交易，就无法获得这样的良机，所以此时的他恍然大悟，意识到之前自己所遭受的挫折不过是生活给予的一次考验和巧妙安排，目的就是避免自己因小失大。

其实，每一个看起来令人沮丧的失败和挫折，都可以给我们带来更大的发展机会，只要我们坚定信念，坚定决心，端正自己的工作态度和生活态度，每天竭尽全力做好自己的分内之事，并且能够用最完美的方法来完成每一件事。

当一个人遭受失败的打击时，不过是因为自己对生活的要求还不够多，只要持之以恒地寻求发展机会，生活就会为我们提供更多更好的机会，我们必须牢牢记住这一点。

我们在做自己想要做的事情上，从来不会因为天赋不足而面临失败，事实上，一旦我们坚持按照书中的指引去工作，我们将会获得任何一份工作所需的基本才能。

本书并没有告诉读者应该如何按照科学方法来培养生活技能和工作技能，不过就像我们追求财富的过程一样，技能的培养简单且明确，并没有想象中的那样复杂。

无论怎样，我们都没有必要担心因为个人技能不足而导致失败，也不要因为害怕失败而犹豫不决，一直不敢往前走，只要我们坚持走下去，当我们接触那个岗位时，相应的能力自然会被培养出来。美国总统林肯从来不曾受过良好的教育，但这并不影响他成就统一美国的伟业，原因就在于技能会随着他登上领袖位置而出现。这样的能力培养机制对我们一样适用，我们可以勇敢面对世界，从中获取能量，承担起自己应该承担的责任，然后保持自信，一步步往前走。

我们应该仔细阅读和研究这本书，最好可以随身携带，直到我们能够彻底理解并记住书中所有的内容，一旦坚定了这个学习的信念，我们就会自动摆脱生活中各种娱乐活动和消遣行为的干扰，会自动远离那些与书中内容完全不同的演说，我们没有必要去阅读那些充斥着悲观主义的书籍，没有必要阅读那些与本书内容相冲突的书籍，更不要试图在这些话题上与人争论不休。

从现在开始，不妨好好利用自己的闲暇时间，将它们用在思考梦想和目标上，保持一颗感恩之心，然后用心阅读这本书。书中包含了我们必须了解的那些致富法则，我会在接下来的章节中全部罗列出来。

# 17
## 记住致富科学的要点

世界具备创造万事万物的能量,当这种能量处于原始状态时,就已经渗透、弥漫和充斥整个宇宙空间了。

人们可以在头脑中塑造事物的相关意象,然后将自己的想法和理念传递给世界,确保可以从世界那里获取强大的反作用力,确保我们有能力将头脑中的意象转化成为实物。

为了实现转化实物和创造实物的目标,人们应该摒弃传统的竞争思维,选择创新思维,确保自己可以和世界保持和谐统一的状态。

人类按照既定的规律不断繁衍和进化,对这个世界心怀感恩,人们应该更积极地向世界传递自己的思想,并获得创造性思维。

人们必须在头脑中描绘出一个清晰明确的意象,弄清楚自己究竟想要获得什么,为什么想要获得这些东西;弄清楚自己想要做什么事，以及为什么想要做这些事。我们应该坚守大脑中的渴望和意象，对世界保持感恩的心态，这样才有机会通过世界赋予的反作用力来实现心中所想。

想要变得富有，我们还应该利用好自己的闲暇时间，更多且更深入地思考自己的梦想和目标，对未来实现梦想的机会表达自己的感谢。我们应该给自己的梦想描绘一幅具体的图画，坚定自己的信念，感恩这个世界的赐予，我无法用更多的笔墨来形容它们究竟有多么重要，这就是我们将个人思想传递给世界，并通过世界赐予的反作用力来启动创造性力量的整个过程。

这种创造性的力量通过生命的成长、产业的变革、社会秩序的建立而产生更强大的作用，只要我们按照上面所说的相关法则行事，坚守信念，不要被外界事物干扰和动摇，那么最终就可以美梦成真。我们内心所渴望的那些美好事物，最终会在现有社会贸易机制和商业运转模式中，出现在我们的面前。

当心中所想的东西开始在眼前出现的时候，为了确保我们可以把握住这些机会，我们需要不断提升自己，确保自己拥有超越当前职位所需的能力。我们需要打造实现致富目标的强大决心，然后每一天都全力以赴，用最完美、最高效的方式完成每一件事，直到一天的工作全部完成。

此外，我们必须意识到自己可以提供的价值，要远远超过从别人那里获取的金钱的价值，从而确保每一次的交易都可以有效提升和优化生命，与此同时，我们应该将这种积极向上、与时俱进、不断进取的印象传递给每一个接触自己的人。

　　相信我说的，任何人只要能按照上述内容指导自己的实践活动，就可以变得富有。当然，获取财富的多少最终取决于人们是否构建了一个清晰的梦想，是否拥有一个稳定的目标，是否拥有坚定的信念，以及是否拥有虔诚的感恩心态。

# 巴比伦富翁的秘密

# 1
# 巴比伦历史概要

在历史的长河中，没有任何城市可以超越古巴比伦的荣光。巴比伦这个名字本身就会令人联想到财富和奇观。巴比伦的黄金和珠宝举世闻名。人们想当然地以为这样一座繁华的城市坐落在物产充足的热带地区，周围环绕着丰富的森林、矿产等自然资源。事实并非如此。巴比伦位于幼发拉底河流域一处地势平缓、气候干燥的河谷内，周围没有森林、没有矿产，甚至连建筑用的石材也没有。城市附近甚至没有天然的贸易路线。这里的降雨量无法满足农业灌溉的需求。

巴比伦是人类利用一切可行的方式实现伟大目标的杰出范例。用于支持这座伟大城市的所有资源都是由人类发展建立的。这座城市的所有财富都是由人类亲手打造的。

巴比伦拥有的自然资源只有两种——肥沃的土地与充足的河水。古巴比伦的工匠们拥有空前绝后的工程造诣，他们用水坝和大型灌溉渠将河水引至干燥的平原，生命之水在沃土上流淌。古巴比伦水利工程是有史以来最伟大的工程之一。这套举世罕见的灌溉系统带来了农业丰产的回报。

幸运的是，在巴比伦漫长的历史中，这里的统治者们很少主动发起征服和掠夺的战争。虽然巴比伦曾参与多场战争，但是这些战争大部分是区域纠纷，或是为了防备野心勃勃的征服者们对巴比伦庞大财富的觊觎。古巴比伦的杰出统治者们因智慧、勤勉和公正而名留青史。一些刚愎自用的君主妄想征服世界，用万国臣服来满足一己之私，巴比伦并没有孕育出这样的君主。

巴比伦这座城市已经湮没于历史之中。当建立并守护了这座城市上千年的族群逐渐没落后，这里很快沦为一片废墟。巴比伦城遗址位于亚洲境内，苏伊士运河以东约600英里①，恰好在波斯湾的北方。这里的纬度与美国亚利桑那州的尤马（Yuma）部落类似，约北纬30度。巴比伦的气候也像尤马部落那样炎热而干燥。

幼发拉底河附近的这片河谷曾是人口稠密的灌溉农业区，如今，这里再度成为干旱贫瘠的废墟。稀疏的杂草和荒漠灌丛在风沙中奄奄一息。肥沃的田地、庞大的城市和壮观的商队都不见了。这里唯一的居民是一些阿拉伯人的游牧部落，他们靠畜养小型牧群勉强为生。这种情况从公

---

① 1英里约等于1.609千米。（本书注释如无特殊说明，均为译者注）

元元年起持续至今。

这片河谷间遍布着一些小土丘。几个世纪以来，过往的行人从未留意过它们，直到暴雨偶然带来一些陶器和砖石碎片，考古学家才终于注意到它们。由欧洲和美国赞助的探险队来到这里挖掘古迹，寻求考古发现。经过一番挖掘之后，他们很快证明了这些山丘便是古代城市的遗迹，也可称之为城市的坟墓。

巴比伦遗迹便是其中之一。风暴吹散了沙漠的尘埃。原本由砖石打造的墙壁暴露在外，已经全部分崩离析，重新归于尘土。这便是富饶的巴比伦城如今的模样——一堆被长期遗忘的尘土，甚至没有一个在世之人知晓它的名字，直到考古队小心翼翼地挖掘出那些被掩埋的街道、庙宇和宫殿的残骸。

许多科学家认为这片河谷中的古巴比伦文明及周边城市是有确切历史记录的最古老的文明。他们证明古巴比伦的历史可以追溯到六千年前。在这种关联中存在着一个有趣的事实，那便是科学家们用来确定历史时期的方法。人们在巴比伦废墟中发现了一些对日食的记录。现代天文学家轻松地计算出了古巴比伦人可以观测到这场日食的时间，并由此确立了古巴比伦历法与当代历法之间的关系。

通过这种方式，我们证明了在六千年前，巴比伦王国的苏米尔人生活在拥有围墙的城市里。我们只能推测这样的城市已经存在了多少个世纪。这里的居民不只是生活在高墙庇佑下的野蛮人，他们是受过教育的开明群众。根据书面的历史记载，他们是最早诞生了工程师、天文学家、数学家、金融家的民族，也是最早使用文字的民族。

我们已经提到了将干旱河谷变为农业乐园的灌溉系统。这些灌溉渠的遗迹大多已被泥沙填满，但我们仍能追溯它们的痕迹。一些水渠十分宽敞，在干涸状态下甚至可以让十二匹马并排通行。这些灌溉渠在规模上可与美国科罗拉多州和犹他州最大的水渠媲美。

除了河谷土地的灌溉系统，古巴比伦工程师还建设了另一个同等规模的工程。他们借助一套复杂的排水系统，将幼发拉底河和底格里斯河河口的大片沼泽地改造为耕地。

希腊旅行家和历史学家希罗多德①曾在巴比伦的鼎盛时期造访过这座城市，并留下了我们已知的唯一来自外来者的描述。他的作品生动地刻画了这座城市，以及当地一些与众不同的习俗。他提到了这里的土地异常肥沃，这里出产的小麦和大麦十分丰富。

巴比伦的荣光已经变得暗淡，但巴比伦的智慧却得以留存。这归功于巴比伦人的文字记载。在遥远的过去，用于书写的纸张尚未被发明。于是，他们不辞辛劳地将文字刻在湿黏土板上。随后，他们将湿黏土板烘干，制成坚硬的泥版。这些泥版长约8英寸，宽约6英寸，厚度约为1英寸。

这些泥版的用途类似现代的书写工具。泥版上记载着传说、诗歌、历史、圣旨、法律、产权、期票，甚至还有与远方城市联络的书信。我

---

① 希罗多德（Herodotus, 480 BC – 425 BC）：古希腊作家、历史学家，将旅行中的见闻著成《历史》一书，被尊称为"历史之父"。

们可以从这些泥版上了解到古巴比伦人的日常生活。例如，一名乡下店主在泥版上记录了如下信息：某位顾客在指定日期用一头奶牛交换了七袋小麦，其中三袋当场交付，余下四袋可以随时来取。

考古学家在城市的遗迹中发现了成百上千块保存良好的泥版。

环绕城市的巨大围墙是巴比伦的一大奇观。古人将巴比伦城墙封为与埃及金字塔并列的"世界七大奇迹"之一。据说，塞米勒米斯女王①在城市创立之初兴建了最早的城墙。现代考古挖掘未能发现任何原始城墙的痕迹，我们也不清楚城墙的确切高度。通过早期文献记载，我们估计城墙高度在50~60英尺②，外侧由烧制的砖块构成，墙外还有一条很深的护城河。

后来，那波勃来萨国王③于公元前6世纪下令兴建的城墙更加为人熟知。他的重建计划规模十分庞大，他甚至没能亲眼见证这项工程的竣工。城墙重建的工作由他的儿子尼布甲尼撒二世④继承，《圣经》对他也有记载。

后来建造的城墙规模之庞大令人难以置信。据可靠来源记载，它们高达160英尺，相当于现代15层摩天大楼的高度。城墙的总长度在9~11英里之间。城墙顶部十分宽敞，足以容纳6匹马的战车通行。这

---

① 塞米勒米斯女王（Queen Semiramis）：传说中的亚述女王，女神之女。丈夫为传说中尼尼微的建造者尼弩斯王（Ninus）。丈夫死后，塞米勒米斯独自统治国家。

② 1英尺约等于0.3048米。

③ 那波勃来萨国王（King Nabopolassar）：迦勒底人，公元前626年在巴比伦城建国，史称新巴比伦王国。

④ 尼布甲尼撒二世（Nebuchadnezzar）：新巴比伦王国第二任君主，对巴比伦城进行了扩建。

样宏伟的建筑如今所剩无几，只留下一小部分地基和护城河的遗迹。除了自然因素造成的破损之外，阿拉伯人将砖块挪作他用，最终彻底摧毁了巴比伦城墙。

在那个频繁征战的年代，几乎每一位征服者都曾派出常胜之师攻打这道城墙。众多君主曾包围过巴比伦城，但从未有人成功破城。来犯军队的实力不容小觑。历史学家认为这些军团包括1万名骑兵、2.5万辆战车和1200个步兵团，每个兵团有1000名步兵。军事物资和粮草的筹备与沿途运输通常需要二年至三年的准备时间。

巴比伦城拥有与现代都市相似的组织结构。城内有街道和商店，小贩在居民区卖货，祭司在宏伟的神庙里主持宗教仪式。在巴比伦城内部，有着一圈封闭的皇室宫殿。据说，宫殿周围的墙壁比城墙更加高大。

古巴比伦人精通各种工艺，其中包括雕塑、绘画、编织、炼金，以及制造武器和农具。巴比伦的珠宝商能够打造精美的首饰。考古学家在有钱人的墓穴里发现了许多珠宝样品，如今，这些珠宝正在世界各大博物馆中展出。

在文明伊始之际，当世界各地的人们仍在用石斧砍树，或用绑着燧石的长矛和弓箭打猎和作战时，古巴比伦人已经在使用金属制造的斧头、长矛和弓箭了。

巴比伦人是精明的金融家和贸易商。据我们所知，巴比伦人发明了可以作为交易媒介的货币，他们还创造了书面形式的债务证书和财产凭证。

在公元前540年以前，巴比伦城从未被敌军攻破。即便到了公元前540年，城墙仍未被攻占。巴比伦以一种最奇特的方式陨落。当时，有一位伟大的征服者准备进攻这座城市，他想攻下坚固的城墙。巴比伦国王那波尼德斯[①]的谋臣建议他在围城之前主动出击，迎战居鲁士[②]的军队。在随后的溃败中，巴比伦军队四散而逃。于是，居鲁士率军进入敞开的城门，占领了放弃抵抗的城市。

此后，这座城市的实力与声望逐渐衰微，几百年后，这里最终变成一片荒芜，风暴重新夷平了沙土，带走往日的辉煌。巴比伦终于没落，它再也没有崛起，但它为我们留下了宝贵的财富。

斗转星移，琼楼玉宇早已化为尘埃，但巴比伦的智慧将永世流传。

**财富是世俗成就的度量衡。**

**财富使人得以享受世间最美好的愉悦。**

**理解了获取财富的简单法则，财富便取之不竭。**

**无论是六千年前繁华的巴比伦还是当今世界，积累财富的法则从未改变。**

---

[①] 那波尼德斯（Nabonidus）：新巴比伦王国第五任君主，公元前556年至前539年间在位。
[②] 居鲁士（Cyrus）：波斯帝国的开国皇帝。

# 2

# 想要黄金的人

巴比伦的造车匠班希尔（Bansir）垂头丧气地坐在自家周围的矮墙上。他忧伤地看着自己简陋的家和露天作坊，作坊里有一辆尚未完工的战车。

他的妻子不时从门前走过，悄悄地看他一眼。妻子的目光提醒着他装食物的袋子几乎见底了，他应该继续工作，去完成那辆战车，敲敲打打，抛光上漆，拉紧轮缘的皮带，准备就绪后卖给有钱的顾客，这样才能收到报酬。

尽管如此，身材壮实的他依然麻木地坐在矮墙上。他那不太灵光的头脑反复地思考着一个问题，却始终得不到答案。幼发拉底河谷特有的烈日无情地炙烤着他。一连串的汗珠沿着他的眉毛流下来，最终在毛发旺盛的胸膛消失无踪。

远处的高墙环绕着国王的宫殿。在他家附近，贝尔神殿的彩绘高塔直上云霄。他那简陋的家和其他许多更破烂的房子一起隐没在宏伟建筑的阴影之下。这就是巴比伦，一个壮丽与破败的结合体，最耀眼的富人与最悲惨的穷人在城墙的庇佑下鱼龙混杂。

如果他愿意转过身看一眼，便会发现坐车子的有钱人、穿鞋子的商贩和光脚的乞丐熙熙攘攘，挤满了街道。就连有钱人也不得不躲到路边，给长长的一列奴隶队伍让路，他们在"为国王效劳"，每个奴隶都背着沉重的山羊皮水囊，这些水是用来浇灌"空中花园"的。

班希尔只顾沉浸在自己的烦恼中，对繁忙城市的喧哗和骚动不闻不问。忽然，一阵熟悉的里拉琴声打破了他的沉思。他转过身来，看到他最好的朋友乐师库比（Kobbi）正友善地朝他露出微笑。

"我的好朋友，愿众神对你多加庇佑。"库比行了一个夸张的礼，"不过，看起来众神已经很偏爱你了，甚至让你免于劳作。我为你的好运感到高兴。而且，我还要与你分享这份好运呢。既然你不在作坊里忙碌，你的钱袋一定已经鼓起来了，只要借给我两枚金币就好，今晚的贵族宴会结束后我就会还钱。你应该不会不舍得这点小钱的。"

"假如我有两枚金币，"班希尔消沉地回答，"我也不能借给任何人，甚至连你也不行，我最好的朋友，因为那两枚金币就是我的全部财产。没有人会把自己的全副身家借给别人，即使是最要好的朋友也不行。"

"什么，"库比着实大吃一惊，"你的钱袋里连一枚金币也没有，但你却像个雕像一般坐在墙上！为什么你不把那辆战车做完呢？除此之外你还有其他办法可以填饱肚子吗？我的朋友，这可不像你。你那用之不竭的精力呢？你有什么烦恼吗？众神给你降下磨难了吗？"

"这一定是众神的考验。"班希尔表示赞同，"一切都始于一个莫名其妙的梦，在梦中，我以为自己是富翁。我的腰带上挂着沉甸甸的钱袋，里面装满了钱。我随心所欲地向乞丐们施舍金币；我用银币给妻子买了华丽的衣衫，也为自己买了想要的一切；我毫无顾虑地花着银子，因为花完银子我还有黄金。我的内心感到无比满足！你一定看不出我还是过去那个勤劳的工匠。你也一定认不出我的妻子了，她的脸上不再有皱纹，而是洋溢着幸福。她又变回我们刚结婚时的样子——一个爱笑的少女。"

"这真是个美梦啊，"库比说道，"但如此美妙的感觉为什么却让你像个闷闷不乐的雕像一般坐在墙上？"

"唉，为什么呢！因为当我醒来后，我想起自己的钱袋其实空空如也，这激起了我的逆反心。让我们一起厘清这件事吧，正如水手们所说的，我们俩坐在同一条船上。年少时，我们曾一起向祭司学习智慧。年轻时，我们分享着彼此的喜悦。长大以后，我们也一直是关系亲密的朋友。我们对自身的处境心满意足。我们愿意工作很长时间，然后随心所欲地花掉工钱。在过去这些年里，我们已经赚到了不少钱，但我们只能在梦里体验财富带来的快乐。

"啊！难道我们像羊群一样无知吗？我们生活在天底下最富有的城市里。旅人们都说巴比伦的财富举世无双。在我们身边，有钱人随处可见，但我们自己却一贫如洗。在辛苦操劳半生之后，我最好的朋友来对我说：'只要借给我两枚金币就好，今晚的贵族宴会结束后我就会还钱。'然后，我说了什么呢？我有说'我的钱袋在这里，想要多少随便拿'吗？不，我承认我像你一样身无分文。问题究竟出在哪儿？为什么我们得不到黄金和白银，只能靠一点微薄的薪水勉强度日？"

"你再想想我们的儿子们，"班希尔继续说道，"他们不也正走在父辈的老路上吗？他们和他们的家庭，还有我们的后世子孙，都要终生居住在这个遍地黄金的城市，却像我们一样，只要能喝到酸羊奶和稀粥就心满意足了！"

"班希尔，我们当了这么多年朋友，你从没说过这些话。"库比疑惑地说。

"这么多年来，我也从没考虑过这些事。从拂晓到黄昏，我辛辛苦苦地打造着不输给任何人的战车，我诚心祈求众神有一天会认可我的努力，赐予我巨大的财富。神却从未回应我的祈求。最后，我才意识到神永远不会实现我的愿望，所以我才郁郁寡欢。我想成为有钱人，我想拥有土地和牲畜，拥有华丽的衣袍和鼓鼓的钱袋。我愿意为了这些目标而付出最大的努力。我使尽浑身解数，想尽一切办法，但我希望我的付出可以得到公平的回报。我们究竟是怎么了？我再一次问你！为什么我们无法拥有本应属于我们的美好生活，而其他人却有足够的钱可以购买他们想要的任何东西？"

"如果我知道答案就好了！"库比回答道，"我和你一样感到不满。我演奏里拉琴赚来的钱很快就花光了。我必须精打细算才不至于让家人挨饿。而且，我一直想拥有一把足够大的里拉琴，这样才能真正表达我内心深处的音乐。如果有了这样的乐器，我甚至可以演奏出连国王也从未听过的美妙音乐。"

"你应当拥有一把这样的里拉琴。在整个巴比伦，没有人能超越你的琴艺。如果你用它来演奏，不仅国王会陶醉在美妙的音乐里，就连众神也会感到愉悦。可是我们俩都像国王的奴隶一样贫穷，你又怎能拥有这样的乐器呢？钟声响起了！他们来了。"他指向长长的队列，一群衣不蔽体、汗流浃背的奴隶背着从河边打来的水，迈着艰难的步伐走过狭窄的街道。他们五人一排，每个人都被沉重的水囊压弯了腰。

"领头的那个人体格健壮，"库比指着手持铃铛走在队伍前列的人说，"很明显，他在自己的国家曾是个有声望的人。"

"队伍里有很多强壮的人，"班希尔表示赞同，"他们和我们一样身强体壮。满头金发、身材高大的北方人，谈笑风生的南方黑人，来自周边国家的棕皮肤的小个子。日复一日，年复一年，所有人都排着队，不断地从河边运水到空中花园。他们没有任何获得幸福的指望。他们只能睡在稻草上，用粗米粥果腹。库比，这些人真可怜啊！"

"我确实可怜他们，但你让我看到我们自己的处境并不比他们好多少，尽管我们自称是自由人。"

"是啊，库比，虽然这令人不快，但我们可不想年复一年过着奴隶般的生活。整日只知道埋头工作、工作、工作，却什么也得不到！"

"我们就不能问问别人是怎么赚钱的，然后仿照他们去做吗？"库比问道。

"或许我们可以向有钱人请教致富的秘诀。"班希尔若有所思地回答。

"就在今天,"库比提议道,"我遇见了我们的老朋友阿卡德(Arkad),他坐在金色的马车里。据我观察,他没有像其他有钱人那样趾高气扬,而是向我挥了挥手,所有路人都能看见他向乐师库比微笑致意。"

"据说他是巴比伦最富有的人。"班希尔沉思道。

"听说,甚至连国王都会向他请教财政问题。"库比回答。"他太有钱了,"班希尔插话道,"我甚至担心假如我在夜晚遇见他,也许我会忍不住偷走他的钱包。"

"胡说八道,"库比责备他,"一个人的财富并不装在钱包里。如果没有源源不断的收入,无论多么鼓的钱包也会很快被掏空。不管阿卡德花钱是多么的大手大脚,他都能一直装满自己的钱包。"

"收入才是关键,"班希尔恍然大悟,"我希望无论我是坐在墙上休息还是去远方旅行,我都能有源源不断的收入。阿卡德一定知道获得稳定收入的途径。你觉得他有办法向我这么愚笨的家伙解释清楚吗?"

"我想他已经把知识传授给他的儿子诺马瑟(Nomasir)了,"库比回答道,"酒馆里的人们说,诺马瑟去了尼尼微①,他没有依靠父亲的帮助便成了当地最有钱的人之一。"

"库比,你让我想到一个好主意。"班希尔的眼中亮起了新的希望,

---

① 尼尼微(Nineveh):西亚古城,亚述帝国都城,由古代胡里特人建立,位于现今伊拉克北部尼尼微省。

111

"阿卡德一直是我们的好朋友，向朋友请教问题不需要付钱。就算我们的钱包像去年的鸟巢一样空无一物也没关系。我们不必因此而有所顾忌。我们已经受够了眼睁睁地看着别人发财，自己却一贫如洗的日子。我们想成为有钱人。来吧，咱们一起去找阿卡德，向他请教我们应该怎么做才能致富。"

"班希尔，你的话让我茅塞顿开。你让我有了新的理解。你使我认识到我们为何一直找不到发财的方法，因为我们从未去寻找它。你一直在辛勤地制作着巴比伦最坚固的战车，为此付出了最大的努力，所以你成功达到了目标。我为了成为技艺精湛的里拉琴演奏者而不断努力练习，因此我也实现了这个目标。"

"我们在各自付出了最大努力的领域都取得了成功。众神也满足于维持这种现状。如今，我们终于看到了曙光般耀眼的希望。它告诉我们，学得越多，得到的就越多。我们应当带着全新的态度去寻找达成心愿的正当做法。"

"我们今天就去找阿卡德吧，"班希尔催促道，"不只如此，我们还要去找其他与我们处境相仿的儿时好友一道同行，这样一来，他们也能分享阿卡德的智慧。"

"班希尔，你真是处处为朋友着想，难怪你有这么多好朋友。就照你说的办吧。我们今天就叫上大家一起去请教阿卡德。"

# 3
# 巴比伦最富有的人

在古老的巴比伦城，曾有一位名叫阿卡德的富人。他因富有和慷慨而远近闻名。他对慈善事业十分热心。他对家人和自己也很大方。尽管他的花销很大，但每一年他的财富增长的速度都远远超过他的花销。

他在年轻时结识的一些朋友找到他，并对他说："阿卡德，你比我们幸运得多。你已经是巴比伦最有钱的人了，而我们还在为了衣食住行烦恼。你可以穿最华丽的服饰、享受最美味的佳肴，但我们只要能让自己和家人吃饱穿暖便满足了。

"然而，曾几何时，我们拥有同样的身份。我们曾向同一位老师学习。我们玩着同样的游戏。无论是在学业中还是在游戏中，你的表现都不比我们更出色。毕业后的几年里，你和我们一样都是普通的市民。

"据我们所知，你在工作时并不比我们更加勤奋，在敬拜众神时也不比我们更加虔诚。既然如此，为什么变幻无常的命运格外青睐你，让你享尽荣华富贵，却对我们这些同等资质者不闻不问？"

听到他们的说辞，阿卡德立即表示强烈反对："自从我们长大后，你们之所以只能勉强糊口，是因为你们要么没有学会获取财富的法则，要么根本没有发现这些法则。

"'命运'是一位变幻无常的女神，她不会永远青睐任何人。恰恰相反，她总是先赐予人们不应得的财富，然后给他们降下灾祸，几乎没有任何例外。她让人们变得不加节制，把全部财富挥霍一空，最终只能为了无法满足的欲望而痛苦不已。另一些受到命运青睐的人们却变成了一毛不拔的守财奴，他们知道自己没有能力赚大钱，所以也不敢花钱。从此，他们将怀着对强盗的恐惧，过着空虚、悲惨的生活。

"还有一些人在收获了意外之财后能够赚到更多的钱，继续过着幸福快乐的日子。但这样的人太少，我也只能偶尔听说他们的事迹。想想你们知道的那些突然继承大量财产的人，他们是否符合我所描述的情况？"

朋友们承认他的话符合他们的经验，他们恳求他坦言相告他是如何拥有巨额财富的，于是他继续说道："在我年轻时，我发现身边有着各种能带来幸福和满足感的美好事物。并且，我意识到财富可以增加获取这些事物的能力。财富是一种力量。有了财富，许多事情都有可能实现。

"人们可以用最华丽的家具来装饰房间。

"人们可以乘船前往大洋彼岸。

"人们可以享受来自异国的美味佳肴。

"人们可以购买金匠和石匠打造的首饰。

"人们甚至还能为众神建造庄严的庙宇。

"人们可以做到这一切,还有其他许多能为感官和灵魂带来愉悦和满足的事情。

"当我意识到这一切时,我便下定决心追求属于自己的美好生活。我不想站在远处,羡慕别人过得有多好。我不想只能穿勉强得体的衣服。我不想过穷人的生活。相反,我要成为盛宴上的宾客。

"你们知道,我是一个贫穷小贩的儿子,家里兄弟众多,我没有希望继承家产。你们也坦率地指出我并没有高人一等的能力和智慧,所以我发现,为了实现目标,我需要付出时间,也需要努力学习。

"所有人都拥有大量的时间。你们每一个人都白白浪费了大量可以用来累积财富的时间。你们也承认,除了良好的家世之外,你们没有什么值得骄傲的资本。

"至于学习,老师不是教过我们吗?学习分为两种,一种是如何巩固我们已经掌握的知识,另一种是如何学习新的知识。

"因此,我决定学习积累财富的方法,然后熟练运用这些方法。既然在黑暗的亡灵世界里,只有哀伤在等待我们,那么我们难道不应该好好享受阳光下的生活吗?

"我在市政厅里找到了一份记录员的工作,每天我都要花很长时间在泥版上写字。日复一日,年复一年,我勤奋工作,但我的收入却寥寥无几。我赚来的钱全部用来购买食物和衣服、向神进供，以及支付其他我记不清楚的费用。但我的决心没有动摇。

"有一天，放贷的阿尔加美什（Algamish）来到市政厅，要求订购一份《第九法令》。他要求我必须在两天之内抄完，如果我按时完成，他便会给我两枚铜币。

"于是我奋笔疾书，但这部法令太长了，我没能如期完成。阿尔加美什生气了，假如我是他的奴隶，他一定会打我一顿。但我知道长官不会允许他伤害我，所以我并不害怕，我对他说：'阿尔加美什，你很有钱。如果你告诉我如何成为有钱人，我会熬夜为你抄写法令，明天早晨就能完成。'

"他微笑着对我说：'你真是个厚脸皮的无赖，不过就这么说定了。'

"整个晚上，我一直在泥版上不停地刻字，直到视线变得模糊。我的背很疼，蜡烛的烟味熏得我头昏脑涨。但是，第二天清晨他来找我时，泥版已经刻好了。

"'现在，'我说，'你应当兑现承诺了。'

"'孩子，你完成了你的承诺，'他和蔼地对我说，'我也会兑现我的承诺。我会告诉你你想知道的事。我已经上了年纪，老人总是喜欢唠叨。当年轻人向长者寻求建议时，他得到的是经过时间沉淀的智慧。但年轻人总是以为老人只知道过去的事情，那些知识对现在没有帮助。你要记住，今天升起的太阳就是你父亲诞生时升起的太阳，在你的最后一位子孙与世长辞后，太阳依旧会升起。'

"'年轻人的思想,'他继续说道,'就像一闪而过的流星那样照亮了天空,但长者的智慧就像亘古不变的恒星,可以为水手指明航向。'

"'你一定要记住我的话,否则你将无法理解我即将告诉你的真理,你会以为整夜的辛苦都白费了。'

"然后他挑起粗粗的眉毛,狡黠地看着我,他用不容置疑的语调低声说道:'当我决定把一部分收入留给自己时,我便找到了致富之路。你也一样。'

"随后,他继续用锐利的目光盯着我,但没有再说什么。

"'只有这些吗?'我问。

"'这些便足以将一个牧羊人变成一个借贷商人。'他回答道。

"'可是,我赚到的钱本来就都是我的呀,难道不是吗?'我问道。

"'当然不是,'他回答,'你难道不用付钱给裁缝吗?你难道不用付钱给鞋匠吗?你难道不用花钱买食物吗?你能不花一分钱就在巴比伦生活下去吗?你上个月的工钱还剩下多少呢?过去一年的收入呢?傻瓜!你向所有人付钱,却忘了自己。笨蛋,你为了他人而工作。你就像奴隶那样,为了主人施舍的衣服和食物而工作。如果你把全部收入的十分之一留给自己,十年后你能有多少钱?'

"我的算术能力派上了用场,我回答道:'相当于我一年的收入。'

"'你只说对了一半,'他反驳道,'你省下的每一枚金币都将成为你的奴隶。它们赚来的每一枚铜币也都可以为你赚来更多钱。既然你想成为有钱人,你就必须用省下来的钱赚到更多的钱,如此循环往复,

117

这个过程中产生的所有利润都将为你带来你朝思暮想的财富。'

"'你以为我骗走了你熬夜工作的成果,'他继续说,'但如果你足够聪明,能够理解我告诉你的真理,你将受益无穷。'

"'你应该把全部收入的一部分留给自己。无论你的收入有多么微薄,你至少要留下十分之一。如果你能做到,就尽可能地多保留一些钱。你要首先付钱给自己。剩下的钱不要浪费在超过自身购买能力的衣服和鞋子上,要预留出采购食物、施舍穷人和奉献神灵的钱。'

"'一棵大树始于一粒种子,万贯家财来自积少成多。你为自己省下的第一枚铜板就是一颗种子,它会成长为一棵参天大树。你越早种下种子,财富之树就会成长得越快。你越是不断用积蓄灌溉它,便能越早在树荫下乘凉。'

"说完,他便带着泥版离开了。

"我仔细思考了他的话,听起来似乎很有道理。于是,我决定试一试。每次拿到工钱,我都会将十分之一的铜板保存起来。奇怪的是,我并没有变得比过去更缺钱。我试着用更少的钱过日子,并没有注意到生活有什么明显的变化。随着我的积蓄逐渐增加,我时常面临着诱惑。我想买一些商人们用骆驼和船从腓尼基运来的新奇玩意儿,但我用理性制止了自己。

"阿尔加美什离开一年后,他又来找到我说:'孩子,过去这一年,你已经付给自己至少十分之一的工钱了吗?'

"我骄傲地回答:'是的,先生。'

"'太好了,'他高兴地对我说,'你用这笔钱做了什么?'

"'我把这笔钱交给砖瓦匠阿兹莫(Azmur),他告诉我他要出海旅行,他可以去提尔①向腓尼基人采购一些罕见的珠宝。等他回来以后,我们可以用高价把珠宝卖掉。'

"'不耻下问是好事,'他抱怨道,'但你为什么相信一个砖瓦匠对珠宝的见解呢?你会向面包师请教天文知识吗?当然不会,只要你头脑清醒,你一定会去找天文学家。年轻人,你的积蓄要泡汤了,财富之树被你连根拔起了。再种一棵吧。下一次,如果你想了解珠宝的行情,就去找珠宝商吧。如果你要了解关于羊的情况,就去问牧羊人。建议可以免费获得,但你要留心只听取有价值的建议。如果接受了外行人的建议,就只会用自己的积蓄来证明他们的观点是错误的。'说完,他便离开了。

"事情就像他说的那样。狡猾的腓尼基人卖给阿兹莫的商品看起来像宝石,其实是一文不值的玻璃。不过,我听从阿尔加美什的吩咐,继续把十分之一的收入攒起来。现在我已经养成了习惯,攒钱不再是一种负担。

"又一年过去了,阿尔加美什来到了我工作的地方,问我:'上次见面之后,你有什么进展吗?'

"'我一直坚持付钱给自己,'我回答道,'我把攒下来的钱交给了做盾牌的阿格(Aggar),让他购买铜块,每四个月他都会付给我利息。'

---

① 提尔(Tyre):腓尼基港口城市,现属黎巴嫩。

"'做得好。你拿利息做了什么？'

"'我买了蜂蜜、美酒和香料蛋糕，吃了一顿大餐，还给自己买了一件猩红色的长袍。以后，我准备买一头小毛驴当坐骑。'

"阿尔加美什听完后笑了：'你把积蓄产生的利息吃掉了。那么这些钱还怎么继续为你服务呢？它们还怎么生出更多利润呢？你要先为自己找来一群可以生出黄金的奴隶，然后就能不留遗憾地享受许多场盛宴了。'说完，他又离开了。

"我有两年没有见到他，当他再次出现时，他的脸上布满皱纹，眼角低垂着，他已经老态龙钟。他对我说：'阿卡德，你实现致富的梦想了吗？'

"我回答道：'我的梦想还没有完全实现，但我已经赚到了一些钱，并且我能用这笔钱不断获得更多利润。'

"'你还会听取砖瓦匠的建议吗？'

"'他们对造砖的意见值得一听。'我反驳道。

"'阿卡德，'他继续说道，'你学得很好。你先是学会了用一部分收入生活。接着，你学会了向有经验的人请教。最后，你终于学会了让钱生钱的办法。'

"'你已经教会自己如何赚钱、如何存钱，还有如何花钱。所以，你有能力承担一定的责任了。我已经老了。我的儿子们只知道花钱，却不知道怎样赚钱。我的生意很大，我担心自己没有精力照顾。如果你愿

意去尼普尔①帮我看管土地，我就让你做我的合伙人，你可以继承我的一部分财产。'

"于是我前往尼普尔替他管理庞大的产业。由于我满怀雄心壮志，并且掌握了成功理财的三条法则，我成功使他的产业大量增值。

"因此，我变得很有钱，在阿尔加美什的灵魂去往冥界后，我依照法律继承了他的部分遗产。"阿卡德的故事讲完后，一位朋友问："能成为阿尔加美什的遗产继承人，你真是幸运啊。"

"我唯一的幸运是，我在遇见他之前便已经想致富了。在四年里，我每个月都将十分之一的收入存起来，难道我没有证明自己的决心吗？如果一名渔夫长年累月研究鱼的习性，所以每次风向改变时他都能准确地撒网捕捉到鱼，你也会说他是个幸运的人吗？机遇是一位高傲的女神，她只眷顾有准备的人。"

"在你损失了第一年的积蓄之后，你用强大的毅力支撑自己坚持下去。这是很不寻常的。"另一位朋友说道。

"毅力！"阿卡德反驳道，"一派胡言。你觉得只要有了毅力，人类就能扛起骆驼也无法背负的重担，或是推动牛也无法推动的货车吗？毅力只是将自己制定的目标贯彻到底的决心。如果我为自己制定了一项任务，无论是多么微不足道的任务，我都应该坚持到底。否则我还如何相信自己能做更重要的事呢？如果我对自己说，'在接下来的一百天里，每次过桥进城时我都要从路边捡一块鹅卵石扔进河里'，我便会照做。

---

① 尼普尔（Nippur）：美索不达米亚古城，位于今伊拉克南部。

如果在第七天，我过桥时忘记扔石子，我不会告诉自己，'明天我要扔两颗鹅卵石，这样便能补上今天的份'。我会返回桥上，扔下一颗鹅卵石。在第二十天，我也不会告诉自己，'阿卡德，这么做毫无意义。每天扔一颗小石子有什么用呢？干脆一次扔一大把算了'。不，我不会这样说，也不会这么做。只要我为自己定下了目标，我便会努力达到。所以，我会注意不要设定不切实际的困难任务，因为我喜欢悠闲的日子。"

这时，另一个朋友开口说道："你的话听起来像是实话，如果是这样，那也太简单了，假如所有人都照你说的去做，就不会有足够的金钱来分给所有人了。"

"只要有人付出努力，财富便会增长，"阿卡德回答，"假设一个有钱人盖了一座宫殿，他所支付的金子消失了吗？没有，砖瓦匠拿到了一部分，劳工拿到了一部分，建筑师拿到了一部分。每一个参与宫殿建造的人都得到了一部分收入。当宫殿盖好时，它所花费的金钱难道不是值得的吗？宫殿所在的土地难道没有因此而增值吗？财富的增长是很神奇的。没有人能预言财富的极限。腓尼基人不正是通过海上贸易累积的财富在荒芜的海岸建造了一座座伟大的城市吗？"

"我们也想成为有钱人，你建议我们怎么做呢？"又有一个朋友问道，"这么多年过去了，我们不再是年轻人，也没有任何积蓄。"

"我建议你们听从阿尔加美什的智慧，你们要对自己说：'我的一部分收入要留给自己。'每天早晨起床时，你们都要对自己说这句话。每天晚上、每个小时都要提醒自己，直到这句话像火焰一般烙印在你们心中。

"铭记这句话，让它占据你们的脑海。然后根据情况保留一部分收入，至少要存下十分之一。如果有必要，就节省其他的开支。但首先要保留这部分收入。很快，你们便会感受到拥有只属于自己的财富是多么令人满足。随着财富的积累，你们将得到更多动力。你们将感受到一种新的人生乐趣。你们将更加努力赚钱。随着收入的增加，可以攒下的钱也会变得更多。

"然后，你们要学会让这笔钱为你们服务。让它变成你们的奴隶。让这笔钱的利息也为你们服务。

"你们要为将来保留一笔收入。看看那些老年人，别忘记总有一天你们也会变老。所以，你们一定要谨慎投资，避免损失。高利率的回报就像海妖的歌声一样诱人，却会让放松警惕的人们懊悔不已。

"还要注意的是，不要让家人在你们回归众神的国度后陷入贫困。你们随时都可以预先做好安排，定期储备一小笔钱，积少成多。有先见之明的人都会毫不犹豫地采取这种明智的做法。

"向智者征求意见，向每天与金钱打交道的人寻求建议。他们可以让你们避免重复我犯过的错误——把钱交给砖瓦匠阿兹莫。拥有稳定的小额回报远远胜过承担风险。

"在有生之年享受生活吧。不必为了攒钱而过于节俭。如果你只能攒下十分之一的收入，也无须为此沮丧。按照自己的收入来生活，不要变成舍不得花钱的小气鬼。有价值的事物可以让生活变得美好。"

他的朋友们向他表示感谢后便离开了。一些人沉默不语，因为他们缺乏想象力，无法理解这些话。一些人愤愤不平，因为他们认为如此有钱的人应当接济贫穷的老朋友们。但一些人的眼中闪烁着崭新的光芒。他们意识到，阿尔加美什每次去找阿卡德都是为了见证一个人从黑暗走向光明的历程。当一个人发现光明时，一扇大门便向他敞开了。没有人能为他打开大门，他只能凭借自己的力量去理解光明，准备好迎接机遇。

最后一类人在接下来的几年里经常去探望阿卡德，阿卡德也乐于接待他们。他向他们提出忠告，无私地分享自己的智慧，阅历丰富的人总是乐于分享。他帮助他们进行投资，给他们带来丰厚而安全的回报。他也帮助他们规避损失，避免资金被套牢。

这些人在那一天意识到阿尔加美什已将真理传授给阿卡德，而阿卡德又将真理传授给他们。他们的命运在那一天迎来了转折。

**你的一部分收入应当留给自己。**

# 4
## 获取财富的七个诀窍

巴比伦的荣耀历久弥新。经历了漫长的岁月,这个最富饶的城市依然声名显赫,它的财富依旧无比辉煌。

但巴比伦的财富不是凭空出现的,而是巴比伦人智慧的结晶。我们首先要学习的是如何致富。

当贤王萨尔贡一世[①]打败了埃兰人[②],回到巴比伦后,他面临着严峻的处境。财政大臣向他解释道:

"陛下,这些年来,您修建了大型灌溉系统和宏伟的神庙,我们的人民一直过着富裕的生活。现在这些工程已全部完工,人民的生活却难以为继。

---

[①] 萨尔贡一世(Sargon):阿卡德帝国的开创者,美索不达米亚最早的统一者。后世尊称为"萨尔贡"大帝。

[②] 埃兰人:古代埃兰王国,位于今伊朗南部省区。

"劳工们失去了工作,商贩的摊位无人问津,农民的粮食卖不出去,人民没有钱购买食物。"

"我们为这些伟大工程花费的黄金都去哪儿了?"国王问。

"恐怕,"大臣回答,"这些黄金都进了巴比伦少数有钱人的口袋里。金钱从大部分人手中流走的速度就像挤羊奶一样快。既然黄金的流通已经停止了,大部分人民的收入也花光了。"

国王思索了一阵子,随后问道:"为什么极少数人可以拥有全部的黄金?"

"因为他们知道应该怎么做,"财政大臣回答,"我们不能因为一个人知道怎样做可以获得成功就谴责他。公正的人也不会夺走别人用正当手段赚到的钱,再分给能力较差的人。"

"可是,"国王问,"为什么不能让全体国民学会如何积累财富呢?这样一来,他们就能凭自己的力量发家致富了。"

"这是个好办法,陛下。可是谁来教他们呢?祭司当然无法胜任,因为他们根本不懂得如何赚钱。"

"大臣,在我们的城市里,谁最懂得如何致富?"国王问道。

"陛下,答案已经不言而喻了。谁是巴比伦最富有的人?"

"贤卿言之有理。这个人正是阿卡德,他就是巴比伦最富有的人。明天让他来见我。"

第二天,阿卡德奉旨来到了国王面前,尽管已是古稀之年,但他仍然挺直了脊背,精神矍铄。

"阿卡德,"国王说道,"听说你是巴比伦最富有的人,是这样吗?"

"国王陛下，人们都这么说，没有人不同意。"

"你是怎么成为富翁的？"

"我只是抓住了所有市民都拥有过的机会。"

"你没有本金吗？"

"我的本金只有对财富的渴望而已。除此之外，别无他物。"

"阿卡德，"国王继续说道，"我国的百姓过得很辛苦，因为只有少数人知道如何获取财富，所以他们能够垄断巨额财富，而大多数市民甚至不知道如何把赚到的钱留在自己手中。我希望巴比伦能够成为全世界最富有的城邦。所以，我必须让更多人富起来。为此，我们必须教给所有人如何获取财富。阿卡德，告诉我，你知道获取财富的诀窍吗？你能把这些诀窍教给其他人吗？"

"陛下，这个问题很实际。一个人的知识当然可以传授给其他人。"

国王的眼中露出光芒："阿卡德，你说的正是我想听到的答案。你愿意投入这项伟大的事业当中吗？你能否将你的知识教给老师们，然后这些老师再教给其他人，直到有足够多的人可以教导我国全体子民？"

阿卡德躬身说道："我是您卑微的仆人，我听从陛下的旨意。为了同胞的福祉和陛下的荣誉，我很乐意传授我全部的知识。请财务大臣帮我安排可以容纳一百人的讲堂，我会把致富的七个诀窍传授给他们，这些诀窍让我从一贫如洗变成富甲一方。"

两周后，在国王的命令下，被选中的一百人来到传授知识的讲堂，他们围成半圆形，坐在七彩的座位上。阿卡德坐在一个矮桌旁，桌上点着一盏灯，灯油散发出令人愉悦的奇妙芳香。

"快看，那是巴比伦最有钱的人，"阿卡德站起来时，一名学生推了推身边的人，低声说道，"他看起来不过是和我们一样的人。"

"作为国王陛下忠诚的子民，"阿卡德开口说道，"我站在你们面前，为陛下效劳。我曾是一个迫切渴望发财的年轻人，我发现知识可以为我带来财富，所以国王命我将知识传授给你们。

"我拥有最普通的出身。我所拥有的一切优势都是巴比伦的每一个居民所共有的。

"我最早的宝物只有一个钱袋。我很讨厌它，因为它总是空空如也，派不上任何用场。我希望钱袋鼓鼓的，里面装满叮当作响的金币。于是，我到处寻找可以塞满钱袋的方法。我找到了七个诀窍。

"坐在我面前的听众们，我将向你们解释可以塞满钱袋的七个诀窍，我将这些诀窍推荐给所有想要致富的人。接下来的每一天，我都会为你们讲解其中的一个诀窍。

"请仔细聆听我即将传授给你们的知识。欢迎你们与我辩论，你们也可以互相讨论。彻底领悟这些课程后，你们也可以在自己的钱袋里种下财富的种子。你们每个人首先必须开始累积自己的财富，然后你们才能成为称职的老师，那时再将这些真理传授给其他人。

"我将用简单的方式教给你们如何填满钱袋。这是通往财富宝殿的第一步，如果没有扎实的第一步，谁也无法抵达终点。

"现在，让我们来看看第一个诀窍。"

## 第一个诀窍——开始攒钱

阿卡德指着第二排一个若有所思的人说:"朋友,你是做哪一行的?"

"我吗?"那个人回答,"我是书记员,在泥版上刻写记录。"

"我自己也曾在这份工作中赚到了第一桶金。所以,你也有同样的机会可以发财。"

他向后排一个面色红润的人问道:"能告诉我你的职业吗?"

"我是一名屠夫,"这个人回答道,"我从农夫那里买来山羊,宰杀后把羊肉卖给家庭主妇,把羊皮卖给鞋匠。"

"既然你也靠劳动赚钱,你和我一样有机会获得成功。"

就这样,阿卡德询问了每个人的谋生手段。全部问完后,他说:

"我的学生们,现在你们知道赚钱的方法有很多种。每一份工作都是金钱的来源,付出劳动的人可以将一部分钱纳入自己的口袋里。所以,你们每个人都能依据能力的高低得到或多或少的收入。难道不是吗?"

大家纷纷表示认同。"既然如此,"阿卡德继续说,"如果你们想累积一笔财富,明智的做法难道不是利用自己现有的收入来源吗?"

众人对此表示同意。

于是,阿卡德转向一个卖鸡蛋的商人:"如果你每天早晨往篮子里放 10 个鸡蛋,每天晚上再从篮子里拿出 9 个鸡蛋,会发生什么呢?"

"篮子最终会被装满。"

"为什么呢？"

"因为每天放进去的鸡蛋比拿走的多一颗。"

阿卡德微笑地看着大家："有没有人的钱袋是空的？"

大家被逗笑了。他们开玩笑似的挥舞着自己的钱袋。

"好吧，"他继续说道，"现在，让我告诉你们拯救空钱袋的第一条妙计。你们只需按照我给鸡蛋商人的建议去做。你们每次往钱袋里放进10个铜板后，只取9个铜板出来用。这样，你们的钱袋很快就会鼓起来，变得越来越重，你们只要用手掂一掂自己的钱袋，就会感到心满意足。

"不要因为我说的道理很简单就不屑一顾，真理总是单纯的。我答应告诉你们我是如何积累财富的，这就是我的起点，我也曾经囊中羞涩，也曾因为没有钱来买想要的东西而怨天尤人。但当我开始存下十分之一的收入时，我的钱袋就渐渐鼓起来了。你们也一样。

"我要告诉你们一个奇特的真理，尽管我不清楚其中的缘故。当我开始只用十分之九的收入生活时，我竟然过得还不错。我并没有比以前更缺钱花。而且，不久后，赚钱就变得更容易了。这一定是众神的法则，能够把收入的一部分保留下来的人更容易赚到钱。同样地，口袋空空的人很难赚到钱。

"你们最想要的是什么？是每天都在满足自己的欲望，购买珠宝、衣服、食物这些很快就会消耗殆尽的东西，还是购置更有价值的资产，投资黄金、土地、牲畜、贵重品等可以带来利润的东西？你们从钱袋里取出的铜板可以买来前者，留在钱袋里的铜板将带来后者。

"我的学生们，这就是我为干瘪的钱袋想出的第一个办法：'每收到10枚铜板，只花掉其中的9枚。'你们可以相互讨论这个诀窍。如果有人能证明它是错误的，可以在明天集会时告诉我。"

## 第二个诀窍——控制支出

"一些同学问我：如果一个人的全部收入尚且不足以维持他的日常开支，那么他该如何省下十分之一的收入呢？"阿卡德在第二天向学生们提出这个问题。

"昨天有多少人的钱包是空的？"

"所有人都是。"学生们齐声回答。

"但是，你们的收入各不相同。有人赚得比较多，有人要养活更多的家人。但你们所有人的钱袋都是空的。现在，我要告诉你们一个罕为人知的真相，我们每个人所谓的'必要开支'总是等同于我们的收入，除非我们刻意进行节制。

"不要把必要开支与你们的欲望相混淆。在座的每个人和你们的家人都有许多欲望是你们的收入所无法满足的。所以，即使你们把全部收入都用来满足欲望，你们依然会感到不满足。

"所有人都饱受无法满足的欲望的折磨。你们以为只要像我这样有钱就能满足所有欲望吗？其实并非如此。我的时间有限，我的精力有限，我能去的地方有限，我可以吃的食物有限，我可以享受的乐趣也有限。

"我想告诉你们的是，只要有空地，杂草便会生长。同样地，只要有余地，欲望便会滋生。人们的欲望太多，能够满足的欲望却很少。

"请仔细思考一下你们已经习以为常的生活方式，也许会发现很多项可以减少或避免的支出。你们要铭记这句话：每一枚铜板都应当发挥最高的价值。

"所以，你们要在泥版上刻下想买的每一件东西，从中选出必需品，以及十分之九的收入可以负担的物品，划掉剩余的物品，把它们当作无法满足的欲望的一部分，别再为此而烦恼。

"然后为必要支出制定预算。不要动用预留下来的十分之一的收入，未来，这些钱会满足你们更大的愿望。不断地修改和调整预算以适应你们的需求。这笔预算将是你们塞满钱袋的最大帮手。"

这时，一名学生站了起来，他穿着金色和红色交织的长袍，他说："我是一个自由人。我相信我有权利享受生活当中的美好事物，因此我不愿像奴隶那样按照预算来决定花多少钱和买什么。我担心这么做会让我的生活变得索然无味，把我变成一头负重的驴子。"

阿卡德回答他："我的朋友，你的预算是由谁决定的？"

"是由我自己决定。"对方回答。

"既然如此，一头负重的驴子会在预算里加入珠宝、地毯和沉甸甸的金块吗？当然不会。驴子想要的只有可以帮助它穿越沙漠的干草、谷粒和清水。

"制定预算的目的是增加财富。预算可以帮助你们获得生活必需品，以及满足其他可以负担的欲望。它可以让你们意识到哪些需求是最重要的，从而避免冲动消费。你们的预算就像黑暗洞穴里的一盏明灯，照亮你们钱袋上的漏洞，从而帮助你们填补漏洞，控制支出，满足更加明确的需求。

"这就是拯救空钱袋的第二个诀窍。制定开支预算，从而用十分之九的收入购买必需品和想要的东西，并满足有价值的欲望。"

## 第三个诀窍——让钱增值

"你们那干瘪的钱袋正在鼓起来。你们已经养成了保留十分之一收入的习惯。你们通过控制支出而守护了财富的增长。下一步，我们要来探讨让财富自行增值的方法。装在钱袋里的金币可以为我们带来满足，却无法赚来一分钱。我们从收入里省下的钱只是一个开始，这些钱所赚来的利润才是真正的财富。"阿卡德在第三天的课堂上讲道。

"怎样才能让我们的钱为我们工作呢？我的第一笔投资以失败告终，我损失了全部本金。之后我会向你们讲述全部经过。我的第一笔成功的投资是借钱给做盾牌的工匠阿格。每年他都要采购大批外国商船运来的铜料。由于没有足够的资金，他只能向其他人借钱。他是一个讲诚信的人，有借必还。在他卖出盾牌后，他还会付给我一大笔利息。

"每次我借钱给他时，总是连带上次他付给我的利息一起借给他。因此，不仅我的本金不断增加，我得到的利息也增加了。当我连本带利收到还款时，那种满足感是无可比拟的。

"学生们，让我告诉你们一件事，一个人的财富不在于装在口袋里的钱，而在于他所建立的资产，这些资产才是可以源源不断地填满口袋的黄金源泉。拥有在工作和闲暇时都能持续为你带来收入的资产是每个人的目标。这也是在座各位共同的心愿。

"我已经拥有了很大的一笔收入，人们甚至称我为大富翁。向阿格借款是我最早获得收益的投资。我从这次经历当中获益良多。随着本金的增加，我扩大了借款和投资的规模。我的收入来源越来越多，我可以用这些收入做许多有意义的事。

"注意，我用微薄的收入创造了一群能为我带来更多黄金的奴仆。它们为我辛勤工作，它们赚来的利息继续为我带来更多利息，由此循环往复，我逐渐累积了一笔巨大的财富。

"通过合理的方式，财富可以迅速增值。我们来看看这个例子：一名农夫在长子出生时将 10 枚银币交给一个借贷商人，让商人为他的长子保管这笔钱，直到儿子年满 20 岁。借贷商人同意每四年支付四分之一的利率。由于这笔钱是为儿子存下的，农夫要商人把每四年的利息加入本金里。

"当农夫的儿子长到 20 岁时，农夫去向借贷商人讨回那笔钱。商人向他解释，由于利息以复利的形式累加，原本的 10 枚银币如今已经变成 30.5 枚银币。

"农夫很高兴，由于儿子现在还不需要这笔钱，他便把钱继续存在借贷商人那里。在儿子 50 岁那年，农夫去世了，借贷商人一共还给农夫的儿子 167 枚银币。

"在这五十年里，最初的本金增值了近 17 倍。

"这便是让钱袋变鼓的第三个诀窍：让每一个铜板都像田间的牛群一样辛勤劳作，持续为你带来利润，让财富源源不绝地流入你的口袋。"

## 第四个诀窍——规避损失

"木秀于林，风必摧之。一个人必须牢牢看好自己的财产，否则便会遭遇损失。因此，我们最好先确保小额资金的安全，在赚更多钱之前先学会保护现有的资产。"阿卡德在第四天的课堂上说道。

"每一个有钱人都曾遭受各种投资机会的诱惑，一些投资项目看起来十分可行，似乎能大赚一笔。我们的亲朋好友经常迫不及待地参与这样的投资，并怂恿我们一同加入。

"投资的第一条可靠原则是确保本金的安全。如果面临损失本金的风险，你是否还会被巨额回报吸引呢？我不会落入这种陷阱。风险很可能造成损失。在投入资本之前，应当仔细研究，确保本金可以安全收回。不要为了迅速发财的美梦而迷失方向。

"在你把钱借给任何人之前，一定要先了解他的信誉，确保他有能力还钱，避免辛苦赚来的钱一去不还。

"在进行任何投资之前，你们首先需要认识到这笔投资的风险。

"我的第一笔投资对当时的我来说是一个惨痛的教训。我把一整年辛苦攒下的钱交给了砖瓦匠阿兹莫,他即将出海旅行,并答应帮我在提尔采购腓尼基人罕见的珠宝。等他回来后,我们再把珠宝卖掉,一起分享赚到的利润。卑鄙的腓尼基人卖给他一堆不值钱的玻璃珠子。我的本金全都赔光了。现在,我可以从经验中迅速意识到让砖瓦匠帮忙采购珠宝是多么愚蠢的决定。

"所以,我建议你们吸取我的教训:不要过于自信地把钱投资于可能有陷阱的项目里,最好多向有投资理财经验的人请教。他们的建议是免费的,并且经常拥有与你们所投入的黄金同等的价值。实际上,只要能帮助你们规避损失,这些建议就是有用的。

"这就是积累财富的第四个诀窍,它最重要的作用是防止好不容易塞满的钱包再次变得空空如也。你需要在可以确保本金安全的前提下进行投资,要确保本金可以随时收回,并且这笔投资可以带来合理的利润,如此一来便能保证财产安全。多向智者请教,向理财经验丰富的人寻求建议。借助他人的智慧规避投资风险。"

## 第五个诀窍——投资房产

"假设一个人将收入的十分之九用于维持生计和享受生活,如果这笔钱当中有一部分可以转化为有益的投资,并且不会影响到他的日常生活,那么他的财富将增长得更快。"阿卡德在第五天的课堂上对大家说道。

"在巴比伦，有太多家庭生活在简陋不堪的房子里。他们向苛刻的房东交付大笔租金，而他们的妻子却没有一块可以种花的土地，孩子们也没有空间玩耍，只能在肮脏的小巷里做游戏。

"除非拥有足够的居住空间，否则没有人能够真正享受生活。有了足够的空间，孩子们才能在干净的地上玩耍，妻子们不仅可以种花，还能种一些蔬菜来养活家人。

"品尝自己种植的无花果树和葡萄藤结出的果实总是令人心旷神怡。拥有自己的住宅，拥有一片属于自己的空间，这会让一个人心中充满自信，更加有干劲地投入一切工作当中。因此，我强烈建议每个人都拥有一个属于自己的避风港。

"对于任何有决心的人来说，拥有自己的房子并不是遥不可及的梦。我们伟大的国王扩建了巴比伦的领土，有许多土地正无人使用，这些土地的价格也很合理。

"我的学生们，我还要告诉你们，借贷商人很乐意给想要购买住宅的人们提供帮助。只要支付一笔合理的定金，你们便能向商人借钱来支付砖瓦匠和建筑工人的酬劳。

"等房子盖好之后，你们可以像付钱给房东那样定期还款给借贷商人。你们支付的每一笔还款都将减轻你们的负债，这样一来，几年之后借款便还清了。

"届时，你们便能高高兴兴地拥有属于自己的珍贵资产了，以后你们只需向国王纳税便可，无须付钱给房东。

"你们的妻子也会更勤快地去河边洗衣服,每次回来时,她都会装一袋河水来灌溉花园里的植物。

"有了属于自己的房子,就能享受到这么多乐趣。并且,这么做可以大大减少生活成本,将收入更多用于提高生活质量和满足自身需求。拥有属于自己的房子,这便是积累财富的第五个诀窍。"

## 第六个诀窍——未雨绸缪

"从年幼到衰老是每个人一生必然经历的过程。除非众神过早地带走他的灵魂,否则没有人能偏离这条生命的轨道。因此,我建议人们应当为将来不再年轻时提前准备一笔合适的资金,并为家人留出一笔钱,以免自己将来离开人世后无法继续照顾他们。这节课将教给你们未雨绸缪,使你们在年老体弱无力工作时不至于手头拮据。"阿卡德在第六天的课堂上对学生们说道。

"随着资产的增加,理解了致富法则的人应当为将来早做打算。他需要有计划地进行一些安全的长期投资或储蓄,以备不时之需。

"一个人可以通过多种方式确保未来的安全无虞。他可以在一个隐秘的地方悄悄埋下一些财宝。不过,无论他藏得多么仔细,这些财宝都有可能被盗贼偷走。因此我并不建议采取这种办法。

"人们可以购买房产或土地以实现未雨绸缪的目的。如果谨慎挑选在未来能够升值的产业,这些资产便能长期为人们带来稳定的收益。

"人们也可以定期在借贷商人处存下一小笔钱。借贷商人给出的利息与本金合在一起将逐渐变成一笔可观的财富。我认识一个名叫阿桑（Ansan）的鞋匠，不久之前，他告诉我他每周都在借贷商人那里存下两个银币，如此坚持了八年。最近借贷商人帮他清算了账目，结果令他惊喜不已。按照惯例，借贷商人每四年付给他相当于四分之一本金的利息，他每周存入的零钱如今已累积到了1040个银币。

"我借助我的数学知识进一步鼓励他，如果他继续每周坚持存下两个银币，十二年后借贷商人将还给他4000枚银币，这些钱足够他后半生衣食无忧。

"当然，既然定期投入的小额储蓄可以产生如此巨大的利润，所有人都会为了自己和家人的未来而早做准备，无论他们现在多么有钱，也无论他们投资了多少繁荣的产业。

"关于这一点，我想再多说几句。我一直相信总有一天，聪明的人们会设计出一种养老方案，让许多人一起定期存下少量资金，在这些人死后，他们的家人都将得到一笔可观的抚恤金。我认为这是一种很好的做法，我也强烈建议推行这个方案。

"可是，目前这个计划难以实现，因为它的执行期限一定要超越所有人的寿命。这个计划必须像国王的宝座一样坚不可摧。我相信，如果将来有一天这套方案得以执行，它必将造福大众，因为人们只需在最初投入少量资金，就能保障家人在未来过上舒适的生活。

"但我们只能活在现在，不能活在将来，我们必须利用各种方法实现我们的目标。因此，我向所有人提出建议，你们在年富力强时便要开始运用你们的聪明才智，努力积累财富。如果一个人在无法工作时依然没有积蓄，如果一个贫困的家庭失去了主心骨，那将是极大的悲剧。这便是积累财富的第六个诀窍：在年轻时为自己和家人提前做好准备。"

## 第七个诀窍——自我提升

"我的学生们，今天我要告诉你们积累财富的一条至关重要的诀窍。但我要谈的不是金子，而是你们自己，坐在我面前的身份各异的你们。我想告诉你们在人们的内心和生命中有哪些因素会对他们的成功产生或好或坏的影响。"阿卡德在第七天的课堂上对学生们说道。

"不久前，有一位年轻人来找我借钱。当我问他借钱的理由时，他向我抱怨他的收入无法支付他的日常开销。于是，我向他解释既然如此，他的借款信誉并不理想，因为他没有还款能力。

"'年轻人，'我告诉他，'你需要赚更多钱。你做了哪些努力来提高自己的收入呢？'

"他回答：'我在两个月里一共6次向雇主要求加薪，这是我唯一能做到的，但我一次也没有成功，谁也不能更频繁地要求加薪了。'

"我们也许可以取笑他的无知，但他确实拥有增加薪水的一个重要条件。他有赚更多钱的强烈愿望，这个愿望是合理的，也是值得赞扬的。

"欲望是积累财富的先决条件。你们一定要对财富抱有强烈而坚定的渴望。一般人的欲望总是软弱无力的。人们都想成为有钱人，但这种愿望并没有什么用。如果一个人的愿望是赚到 5 枚金币，这种具体的愿望才是有可能实现的。当他怀着强烈的决心赚到 5 枚金币后，接下来，他可以用同样的方式赚到 10 枚金币，然后是 20 枚、1000 枚，这时，他已经是个有钱人了。通过学习如何实现明确而简单的愿望，他也学会了如何满足更宏大的愿望。这就是积累财富的过程：从小钱开始赚，随着见识和能力的增长，一个人能赚到的钱也会越来越多。

"欲望必须是简单明确的。如果一个人有太多过于复杂的欲望，以至于超过了自己的能力范围，那么这些欲望注定得不到满足。

"随着一个人的职业技能逐渐精进，他的赚钱能力也将有所提高。当我还是个贫穷的书记员时，每天我通过在泥版上刻字赚来一两个铜板，我看到其他书记员比我干得多，收到的报酬也比我更多。所以，我下定决心，绝不能输给任何人。没过多久，我便发现了他们成功的理由，我怀着更大的兴趣投入工作当中。我比以前更加专心，也更加努力，后来便没有人能胜过我了。我的努力得到了回报，我不需要向老板提出 6 次加薪请求，便得到了我想要的酬劳。

"我们懂得的知识越多，我们的收入就会越高。不断精进技艺的人将得到丰厚的回报。工匠们可以向最优秀的同行学习手艺并采用他们的工具，律师和医生们可以与同行交流经验，商人们可以不断寻找价格更低、质量更好的商品。

"各行各业一直处在发展和改善之中，聪明的人们总是在磨炼技术，从而为顾客提供更好的服务。因此，我敦促所有人争做行业的领头羊，不要故步自封，以免被行业淘汰。有许多事物可以为人生带来美好的体验。一个自尊自爱的人应该做到以下几条：

"一个人必须竭尽全力偿还自己的债务，不要购买超过自己能力范围的东西。

"他必须照顾好自己的家人并获得家人的敬爱。

"他应当在生前立好遗嘱，公正合理地分配自己的遗产。

"他必须对遭遇不幸的人们抱有同情之心，并在合理的限度内帮助他们。他必须关心体贴那些他爱的人。

"所以，累积财富的最后一个诀窍就是培养自身的能力，不断学习，增长智慧，磨炼技艺，这样做也是对自己的尊重。如此，你便会满怀信心，相信自己能够实现目标。

"这便是积累财富的七个诀窍，这是我从自己漫长而成功的一生中总结的经验，我将它们推荐给所有想要致富的人们。我的学生们，巴比伦的富裕远超出你们的想象，每个人都可以成为有钱人。

"运用这些法则可以帮助你们获取财富，这是你们的权利。

"去把这些真理教给众人，让国王陛下的每一个子民都能充分享受巴比伦丰饶的财产吧。"

# 5
## 邂逅幸运女神

> 如果一个人走运，他的运气会是无穷无尽的。即使把他丢进幼发拉底河，他也能从河里找到珍珠。
>
> ——巴比伦谚语

每个人都想获得好运气。无论是六千年前的巴比伦人，还是今天的我们，人们对好运的渴望总是同样热切。我们都想获得幸运女神的青睐。

人们是否有方法可以吸引幸运女神的注意，并且获得她的慷慨馈赠呢？人们可以引来好运吗？

古巴比伦人对此也十分好奇，他们决心找出问题的答案。古巴比伦人精明世故，善于思考。因此，他们所建造的巴比伦城成为当时最富有、最强大的城邦。

在那遥远的过去，学校尚未出现，但他们仍然拥有一片非常实用的教学场地。在高塔林立的巴比伦，矗立着一座可以与王宫、空中花园和神殿媲美的建筑。我们在历史书中很难发现它的痕迹，几乎从未有人提到过它，但它对当时人们的思想产生过重大影响。

这座建筑便是知识神殿，志愿教师们在这里传授古代的智慧，人们公开讨论各种感兴趣的话题。在这座神殿之内，所有人都是平等的。最卑微的奴隶也能与高贵的王子进行辩论并免受惩罚。

在经常造访知识神殿的人当中，有一个名叫阿卡德的富商，据说他是巴比伦最有钱的人。他拥有自己的讲堂，几乎每天晚上都有一大群人聚集在那里，讨论和争辩一些有趣的话题，其中有老人，也有年轻人，但大部分是中年人。让我们来听听他们对如何引来好运的看法吧。

这一天，落日像一颗红色的大火球一般消失在沙漠的尘埃里，阿卡德像往常一样漫步到他的讲堂。已经有80人坐在地毯上等待他的到来，还有更多人正在赶来。

"今晚我们要讨论什么话题？"阿卡德问道。

一名身材高大的织布工犹豫片刻后，按照规矩站起来说道："阿卡德、各位朋友们，我有一个想要讨论的话题，可我担心你们会觉得可笑。"

阿卡德和其他人纷纷鼓励他说出来，于是他继续说道："今天我很走运，捡到了一个装着几枚金币的钱包。我想要继续保持这样的运气，所以我提议大家一起讨论如何招来好运。"

"你提供了一个极有趣的议题，"阿卡德评价道，"这个话题很值得讨论。对一些人而言，运气就像意外一样，会毫无理由地降临在人们身上。有人相信所有好运都是慷慨的幸运女神阿什塔对她所青睐的人们的恩赐。朋友们，请畅所欲言，你们认为是否有必要讨论获得幸运女神眷顾的方法？"

"当然！我们都想知道！"越来越多的听众急切地说道。

于是，阿卡德接着说："开始讨论之前，让我们先听一听与这位织布工有过相似经历的人们的话，是否有人不付出任何努力便获得过贵重财物？"

人群安静下来。所有人都期待着有人回答，却没有人站出来发言。

"没有人吗？"阿卡德说，"如此说来，这样的好运一定很罕见。有谁知道接下来我们应该去哪里寻找好运？"

"我知道，"一名衣饰华丽的年轻人站起来说，"提到运气，人们自然就会联想到赌桌。我们可以在赌场找到许多祈求幸运女神垂怜的赌徒。"

他正准备坐下，一个声音忽然响起："先别停下，继续讲你的故事吧！告诉我们，你曾经在赌桌上得到过幸运女神的垂青吗？她是否曾让色子的红色一面朝上，帮你赢到庄家的钱，还是说她让蓝色一面朝上，帮庄家赢走你辛苦赚来的银币？"

年轻人和大家一起笑了出来，然后回答："我要承认，她甚至没有注意到我的存在。你们的运气又怎么样呢？幸运女神曾经帮助你们掷色子吗？我们很想了解情况，也想学习你们的经验。"

"这是个很不错的开始，"阿卡德插话道，"我们在这里集会，就是为了全面地探讨每一个问题。人们都喜欢用一小笔钱赢来一大堆黄金，如果忽略了赌桌，就是忽略了大多数人共有的天性。"

"这个话题让我想起了昨天的赛马，"另一名听众大声说道，"如果说幸运女神喜欢光临赌场，那么她也一定不会忘记赛马场，镀金的战车和嘶鸣的赛马带来的兴奋感远远超越赌桌。阿卡德，请诚实地告诉我们，昨天在赛场上，幸运女神是否有在你耳边低语，让你在尼尼微的灰色赛马身上下注？昨天我就站在你身后，当我听见你在灰马身上下注时，我简直不敢相信自己的耳朵。你和我们一样清楚，在整个亚述帝国，没有哪匹马能在公平的比试中打败深受大家喜爱的栗色马。"

"是幸运女神告诉你在灰马身上下注吗？因为她知道，在最后一圈，跑在内侧的黑马会被绊倒，并影响到我们的栗色马，从而让灰马取得不应得的胜利。"

阿卡德对这句戏言一笑置之："我们有什么理由认为幸运女神会对普通人的赛马赌注如此感兴趣？在我看来，她是充满爱和尊严的女神，她乐于帮助有需要的人，也愿意奖励有价值的人。人们在赌桌和赛马场上输掉的钱总是比赢到的钱更多，我不指望在这些地方找到她，我认为她会出现在更值得奖励的人身边。

"辛勤耕耘、诚实交易的人们，以及所有行业的人们都有机会通过劳动换取报酬。或许人们不是总能得到奖励，有时他甚至会受到不公正的待遇，恶劣的天气会不时破坏他的劳动成果。但只要他坚持下去，通常都能实现盈利。这是因为天道酬勤，赚钱的机会属于勤劳的人们。

"然而，在赌博时，情况恰恰相反，因为赚钱的机会不在赌徒这边，而在庄家那边。赌博游戏的规则总是有利于庄家的。庄家开设赌局就是为了从赌徒手中赚取大量利润。赌徒很难意识到，庄家总能赚到钱，而自己却不一定。

"让我们以赌色子为例吧。每一次掷骰子时，我们都会赌最终哪面朝上。如果红色朝上，庄家便会付给我们相当于本金 4 倍的钱；如果是其他五面中的任何一面朝上，我们都会输掉本金。因此，每一次掷骰子，我们都有 5 倍的概率会输，然而，由于一旦赢了便能得到 4 倍的本金，我们便拥有 4 倍获胜的机会。经过一整晚的游戏后，庄家的利润可以达到所有赌徒下注金额的五分之一。一个赌徒注定要输掉五分之一的赌本，但他赢钱的机会却寥寥无几。"

"但是确实偶尔会有人赢大钱。"一名旁听者提出。

"我承认你说得对，"阿卡德继续说道，"所以在我看来，问题在于仅凭运气赚到的钱是否具有长期的价值。我认识许多成功的巴比伦人，但其中没有任何一个人是靠这种方式获得财富的。

"今晚聚集在此的各位听众认识更多杰出的市民。我很想知道有多少成功人士是利用赌博发家致富的。你们认识这样的人吗？"

一阵漫长的沉默之后，有人开玩笑道："你说的人当中包括赌场的庄家吗？"

"假如你们想不到其他人了，"阿卡德回答道，如果你们全都想不到任何一个符合条件的对象，那么你们自己呢？在座各位当中有人是赌场的常胜将军吗，也许你们不好意思透露自己成功的秘诀？"

他的话引来后排听众的一阵叹息，并随之引发全场一片笑声。

"看起来，赌场并非幸运女神经常光顾的地方，"他继续说道，"所以让我们一起探索其他领域吧。无论是捡到钱包的运气还是赌桌上的运气都是极为罕见的。我必须承认，我在赛马场上输掉的钱远远超过赚到的钱。

"现在，让我们来看看自己从事的职业吧。如果我们做成一笔利润丰厚的交易，我们自然会以为这是对我们努力工作的回报，而不是因为运气好，难道不是吗？我觉得我们也许忽视了幸运女神的礼物，或许她真的帮助了我们，而我们却没有感激她的馈赠。还有谁想发表意见吗？"

这时，一名上了年纪的商人站起来，他理了理精致的白袍，说道："最尊敬的阿卡德和各位朋友们，请允许我提一个建议。正如你们所言，如果我们将事业的成功归功于自身，那么为什么不讨论那些离成功只有一步之遥，并且一旦成功便会带来巨大利益的情况呢？这些情况如果成真，便会成为幸运的绝佳例证。由于它们未能实现，我们不能将它们视为自己的功劳，在座许多人想必都有过这样的经历吧。"

"这是一个很好的角度，"阿卡德表示赞同，"有谁曾经让唾手可得的好运从手中溜走过？"

很多人举起手，其中包括刚才发言的商人。阿卡德示意他讲话："既然你提出了这个角度，就让我们听听你的经历吧。"

"我很乐意讲述一个故事，"他说，"这个故事说明一个人可以与好运擦肩而过，却视而不见，最终只能追悔莫及。

"许多年前，我还很年轻，我刚娶了一位妻子，生意开始有了起色。有一天，我的父亲来找我，他强烈建议我参与一笔投资。他的一位好友的儿子在巴比伦城外不远处发现了一片荒地，这片土地处于灌溉渠可以覆盖的区域之外。

"父亲友人的儿子计划买下这片土地，并建造三架由公牛驱动的大型水车，以此引水灌溉农田。完成改造后，他准备将农田分成小块，卖给巴比伦的市民，用来种植草药。

"父亲友人的儿子没有足够的钱来执行这一计划，他和我一样是事业刚起步的年轻人。他的父亲和我的父亲一样要用微薄的收入养活许多家人。因此，他决定寻找一群合伙人。这个团队将由12人组成，每个人都必须有稳定的收入，并且同意将十分之一的收入用于这项投资，直至农田改造完成。那时，每个人都将获得公平的投资回报。"

"'我的儿子，'父亲对我说，'你已经成年了。我十分希望你能开始为自己建立一项有价值的产业，让自己成为一个有身份的人。我希望你能吸取为父的教训。'

"'我也这么想，父亲。'我回答道。

"'那么，我建议你抓住我曾经错过的机会。从你的收入当中拿出十分之一进行有益的投资。这十分之一的收入将为你赚来更多收益，等你到了我这个年纪，你就能攒下一笔可观的财产了。'

"'父亲，您的话中充满智慧。我很想成为有钱人，但我有许多需要用钱的地方。所以，我暂时不想照您的建议去做。我还年轻，还有许多时间。'

"'我在你这个年纪时也曾这样想，可是你看，许多年过去了，我依然没有开始投资。'

"'父亲，我们成长的时代不同了。我能避免你犯过的错误。'

"'儿子，机会就在你面前。这个机会能让你发财致富，我恳求你不要再拖延了。明天就去找我朋友的儿子，和他商量用十分之一的收入进行投资。机会从不为任何人停留。今天它还在，明天就不见了。所以，不要再迟疑了！'

"尽管父亲再三建议，我依然很犹豫。东方的商人们带来了款式新颖的精美长袍，我的妻子和我都很想拥有一件。如果我同意将收入的十分之一用于这项投资，我们将不得不放弃自己十分渴望的各种物质享受。我迟迟没有做出决定，直到为时已晚才追悔莫及。这项工程带来的利润超过了所有人的预期。我就这样看着好运白白溜走。"

"这个故事告诉我们，运气只会降临在可以抓住机遇的人身上，"住在沙漠里的一个皮肤黝黑的人评论道，"万丈高楼始于平地。财富的开端可以是一个人从收入中省下的用于投资的一两枚金币或银币。我本人养了许多牲畜。我的事业开始于小时候用一枚银币买下的第一头小牛。这头小牛成了我致富的开端，对我来说意义深远。

"为积累财富而迈出的第一步是每个人都有机会获得的好运。对所有人而言，第一步都至关重要，它使人们从利用劳动赚钱的人转变为利用收入投资获利的人。一些幸运儿在年轻时便迈出了通往财富的第一步，他们因此超越了那些后来者和不走运的人，例如上述故事中商人的父亲，他便是一个从未迈出过第一步的人。

"假如我们的商人朋友在成年后不久便抓住了眼前的机会，如今他就会享有更多的财富。假如我们的织布工朋友能迈出幸运的第一步，那将成为通往更美好命运的开端。"

"谢谢你们！我也想说几句。"来自外国的一名陌生人说道，"我是叙利亚人，我不太会说你们的语言。我想用一个绰号来形容这位商人朋友。也许你们会认为这个绰号不太礼貌，但我还是想这样称呼他。可是，我不知道用这里的语言应当怎么说。如果我说叙利亚语，你们会听不懂的。所以，哪位好心人可以告诉我，如果一个人迟迟不肯去做对自己有好处的事情，你们会怎样称呼这样的人呢？"

"拖延者。"一个人说。

"这就对了，"叙利亚人挥舞着手臂，激动地大声说道，"在机遇降临时，他没有伸手抓住机遇，而是选择等待。他自称现在还有很多事情要做。可是让我告诉你们吧，机遇不会等待行动缓慢的人。如果一个人想要获得好运，就要迅速采取行动。当机会降临时，任何没有立即采取行动的人都像我们这位商人朋友一样，成为严重的拖延者。"

那位商人站起来，在一片笑声中优雅地鞠了一躬："外来人，你可以毫不犹豫地说出实话，我很佩服你的勇气。"

"现在，让我们听听另一个与机会有关的故事吧。谁还有过类似的经验？"阿卡德问道。

"我有，"一名身穿红袍的中年人回答，"我以买卖牲畜为业，主要经营骆驼和马匹。有时候，我也会采购一些绵羊和山羊。一天晚上，在我最意想不到的时候，机会突然降临了。也许正因如此，我才错失了这个机会。我将诚实地讲述这个故事，其中的是非曲直就由各位来判断吧。

"我曾连续10天在城外寻找骆驼的踪迹，当我在晚上返回巴比伦时，我早已疲惫不堪，令我愤怒的是，城门竟然被锁上了。我的奴隶们搭好帐篷准备过夜，我们只剩下少量食物，没有饮水。这时一位年长的农夫朝我走来，他和我们一样被关在城外。

"'尊敬的先生，'他向我打招呼，'从你的打扮来看，你应该是个生意人。如果我的判断无误，我想卖给你一群优质的绵羊，我刚把它们赶过来。唉，我的妻子发烧了，她病得很厉害，我必须立即赶回去。如果你能买下我的羊群，我就能马上领着奴隶们骑骆驼赶回家了。'

"天色很黑，我看不见他的羊群，但从叫声来判断，我知道这群羊的数量一定很多。我浪费了整整10天寻找骆驼，却一无所获，我很乐意与他做生意。由于情况紧急，他给出的价钱很合适。我答应了这笔交易，准备第二天让奴隶把羊群赶进城，卖个好价钱。

"那名农夫自称他有900只羊。成交后，我让奴隶点燃火把，以便清点数量。我们花了好大的力气尝试清点那些饥渴疲乏的羊群，具体细节不作赘述，总之，这是一项不可能完成的任务。于是，我直截了当地告诉那位农夫，我会在天亮后清点数量，然后付钱给他。

"'最尊敬的先生，求你了，'他恳求道，'今晚先付给我三分之二的价钱吧，这样我立即就能上路。我可以为你留下一个最聪明的奴隶，他受过很好的教育，天亮后他可以帮助你们清点羊群。他很可靠，你们可以放心地把余款付给他。'

"但我执意不肯当晚支付报酬。第二天早晨，在我醒来之前，城门便打开了，四名买家从城中出来物色羊群。他们非常着急，并且愿意支付高价，因为巴比伦可能即将遭受围攻，城里的食物储备并不充足。他们付给那名老农夫近三倍的价钱买下了那群绵羊。罕见的运气就这样从我眼前溜走了。"

"这真是个很不寻常的故事，"阿卡德评价道，"它说明了什么道理呢？"

"它告诉我们，如果遇到合适的交易，应该果断付款，"一个严肃的鞋匠说道，"如果交易很划算，那么我们不仅需要提防其他人的觊觎，也要留意自身的软弱。人都是善变的。唉，不得不说，当我们改变主意时，结果大多并不理想。假如我们一开始的判断是错误的，我们就总是固执己见，不知悔改。假如我们一开始的判断是正确的，我们却时常优柔寡断，错失机会。对我来说，最初的判断通常就是最好的。然而当我遇到划算的交易时，我却很难坚持自己的判断直至交易完成。因此，为了克服自身的弱点，我在遇到合适的交易时总会先支付一笔定金，这样可以避免后悔错失良机。"

"谢谢你！我还想说几句。"那个叙利亚人再次站起来，"这些故事都很相似。每一次，故事的主人都出于相同的原因而失去机会。每一次，好的机会都降临在拖延者身上。每一次，拖延者都会犹豫，没有人告诉自己现在就是最好的时机，必须立刻行动。既然如此，他们怎么可能成功呢？"

"朋友，你说得很对，"买卖牲畜的人说道，"在这两个故事里，好运都从拖延者手中溜走了，但这种情况并不罕见，每个人都有做事拖延的倾向。我们都渴望财富，然而每当机会出现时，我们有多少次屈从于拖延心理而错失良机？

"拖延心理成了我们最大的敌人。年轻时，我还没听说过这位叙利亚友人提出的'拖延者'一词。一开始，我以为自己缺乏判断力，才会错过许多好买卖。后来，我以为问题在于我的固执。最后，我才意识到真正的原因是，我习惯在需要果断采取行动时拖拖拉拉。当我认清自己真正的性格时，我感到痛心疾首。我付出了极大的努力，终于克服了这个成功道路上的障碍。"

"谢谢！我想问商人先生一个问题。"叙利亚人说，"你衣着得体，不像是穷人的打扮。你的言谈举止都像一个成功人士的样子。告诉我们，现在你还会服从于拖延的本能吗？"

"我和那位贩卖牲畜的朋友一样，必须认清自己的弱点并克服拖延心理，"商人回答道，"拖延是我的敌人，它一直蠢蠢欲动，想要阻挠我取得成功。我所讲述的故事只是许多相似情况中的一例罢了，一旦理解了拖延心理，要克服它并不困难。没有人会心甘情愿让盗贼偷走自己的粮食，也没有人愿意把顾客和报酬拱手让给敌人。当我意识到拖延心理是阻挠我的敌人时，我便下定决心战胜它。每个人都需要战胜自己的拖延习惯，然后才有希望获得巴比伦的财富。

"阿卡德，你怎么想？你是巴比伦最有钱的人，所以许多人认为你是最幸运的人。你是否同意只有彻底战胜内心的拖延欲，人们才有希望取得最大的成功？"

"你说得很对，"阿卡德表示赞同，"在我漫长的一生中，我看到一代又一代人追求着财富、科学和知识，追求着成功的人生。机会降临在所有人身上。一些人抓住了机会，逐渐实现了内心深处的愿望，但大多数人犹豫不决，于是他们被抛在了后面。"

阿卡德看向那名织布工："是你建议我们讨论运气这个话题，现在让我们听听你对运气的看法吧。"

"我对运气的观点确实产生了变化。过去我以为每个人都想拥有好运，但好运只会在不经意间降临。如今，我意识到好运不是可遇而不可求的。我从刚才的讨论中得知想要招来好运，就要抓住机会。因此，以后我会竭尽所能地抓住眼前的机会。"

"你已经彻底掌握了我们所讨论的真理，"阿卡德回答道，"我们发现，机遇时常引来好运，但好运却很少带来机遇。我们的商人朋友如果抓住了幸运女神赐予他的机会，他就会走运。我们那位贩卖牲畜的朋友也是一样，如果他买下那群羊再高价卖出，就能享受他的好运了。

"今天的讨论是为了找出吸引好运的方法。我想我们已经找到了。刚才的两个故事都证明了机会可以带来好运。许多有关运气的故事都讲述了这样一个真理：要想得到好运气，首先要抓住机会。

"想要抓住机会取得成功的人们才会引起幸运女神的注意。她总是乐于帮助可以取悦她的人。想要获得幸运女神的青睐，就要积极采取行动。

"行动将引领你们走向你们所渴望的成功。"

**幸运女神偏爱积极行动的人。**

# 6
# 五个黄金法则

"一袋沉甸甸的金子和一块刻满知识的泥版，你们会选择哪一个？"沙漠灌丛里的火光照亮了听众们兴致勃勃的小麦色脸庞。

"金子，金子。" 27个人异口同声地说。

老卡拉巴（Kalabab）若有所思地笑了。

"听啊，"他举起手示意人们，"野狗在黑夜里嚎叫。它们之所以不断哀号是因为肚子太饿。可是，如果给它们喂食，它们会怎么做呢？它们会相互争抢，抢到了便得意扬扬，却丝毫不考虑它要如何度过必然来临的明天。

"我们人类也是如此。如果让人们在黄金和智慧之间做选择，人们会何去何从？人们会选择无视智慧，并将黄金挥霍一空。第二天，他们又会因为没钱而号啕大哭。

"黄金属于熟知并遵守财富法则的人们。"

一阵料峭的晚风吹过,卡拉巴裹紧了白色的长袍。

"你们在漫长的旅途中一直忠实地为我服务,你们尽心尽力地照顾我的骆驼,任劳任怨地穿越炎热的沙漠,你们为了保护我的财物而勇敢地与强盗战斗,因为这一切,今晚我要告诉你们五个黄金法则的故事,你们一定从未听说过这个故事。

"你们要认真聆听我的话,如果你们理解了我的意思并加以运用,你们将在未来获得很多黄金。"

他刻意停顿了片刻。星星在巴比伦上空澄澈的苍穹中闪耀。在人群身后,几顶帐篷若隐若现,为了预防沙尘暴,它们被牢牢地钉在地上。帐篷旁整齐地堆放着被兽皮覆盖的货物。骆驼躺在不远处的沙地上,有的在满足地反刍食物,有的在打鼾。

"卡拉巴,你给我们讲过许多有益的故事,"领头的装运工说道,"明天我们的工作就完成了,我们指望你的智慧可以引导我们度过以后的生活。"

"我只给你们讲过我在异国他乡的冒险经历,但今晚我要向你们讲述聪明的富人阿卡德的智慧。"

"我们听说过许多他的故事,"领头的装运工说,"因为他可是巴比伦有史以来最富有的人。"

"他确实是最富有的人,这是因为他精通许多致富的方法,他在这个领域无人能及。今晚,我要向你们传授他那了不起的智慧。许多年前,我还是个孩子时，他的儿子诺马瑟在尼尼微亲口向我讲述了这些故事。

"我和我的主人在诺马瑟的豪宅里待到晚上。我帮主人运来一大批精美的地毯供诺马瑟挑选，直到他找到满意的颜色为止。最后，他终于选出了中意的地毯。他让我们坐下来与他一起喝一杯，那是一杯上好的佳酿，酒香扑鼻，沁人心脾，平时我很难喝到这样的美酒。

"然后，他向我们传授了他的父亲阿卡德的智慧。现在，我要把这些智慧传授给你们。

"你们知道，在巴比伦有个传统，有钱人把儿子留在身边，以便将来继承财产。阿卡德不赞同这个习俗。因此，在诺马瑟成年后，他对这名年轻人说：

"'儿子，我希望你能继承我的资产，但你必须先证明自己有能力管理庞大的产业。所以，我希望你能去闯荡外面的世界，向我证明你有能力赚钱，也有能力获得他人的尊重。

"'为了让你有个良好的开始，我可以给你两样东西，这是我当年白手起家时所没有的优待。

"'我要给你的第一件东西是这袋金子。如果合理使用，它能成为你通往成功的基石。

"'我要给你的第二件东西是这块刻着五个黄金法则的泥版。如果你将这些法则转化为行动，便能获得力量和保障。

"'十年以后，你再回来向我汇报你的情况。如果你证明了自己，我会让你成为财产继承人。否则，我会把财产交给祭司，为我的灵魂换

取众神的祝福。'

"于是,诺马瑟带着那袋黄金和小心地包在丝绸里的泥版,领着他的奴隶们骑马踏上旅程。

"十年过去了,诺马瑟遵守承诺回到了父亲身边。他的父亲为他举办了一场盛大的宴席,并邀请许多亲朋好友参加。宴席结束后,他的父母坐在客厅的主位上,诺马瑟站在他们面前,向他们讲述自己的经历。

"天色已晚,昏暗的房间中飘着油灯散发出的烟雾。穿着白色束腰外衣的奴隶们手持长柄棕榈叶,按部就班地扇着潮湿的空气。房间里弥漫着庄严的氛围。诺马瑟的妻子和他们的两个小儿子,以及其他亲朋好友坐在诺马瑟身后的垫子上,迫切地聆听他们的谈话。

"'父亲,'他毕恭毕敬地说,'我为您的智慧折服。十年前,在我刚成年时,你让我离开家庭,到众人之间,而不是坐在家中等待继承财产。

"'你大方地给了我一袋金子,也无私地给了我你的智慧。啊!我必须承认,我没能善用那袋黄金。由于我的经验不足,那些钱从我手中流走了,就像一只野兔一有机会就会从捕获它的年轻猎人手中逃走。'

"他的父亲慈爱地笑了:'继续说下去吧,儿子,我想详细了解你所经历的故事。'

"'我决定去尼尼微,因为那是一个正在发展的城市,也许我能在那里发现机会。我加入了一个车队,并结识了许多朋友。其中包括两个能言善辩的人,他们有一匹风驰电掣的白马。

"'在旅途中，他们悄悄告诉我，尼尼微有一个有钱人，他养了一匹未尝败绩的赛马。他相信没有任何一匹马能跑得比他的马更快。于是，他开出天价赌注，赌他的马可以战胜巴比伦的所有赛马。我的朋友们说，全天下的马与他的马相比都是笨驴子。

"'他们愿意帮我一个大忙，让我参与他们的赌局。这个提议令我十分心动。

"'我们下注的马输得很惨，我输掉了一大笔钱。'他的父亲笑了。'后来，我发现这是他们的阴谋，这些人经常在车队里寻找欺骗的目标。尼尼微的养马人是他们的同伙，和他们分摊骗来的赌金。这场狡猾的骗局给我上了第一课，让我学会了保护自己。

"'很快，我又经历了另一个同样惨痛的教训。在这个车队里，我结识了一个年轻人。他来自富裕的家庭，和我一样来尼尼微寻找适合自己的位置。我们抵达目的地不久后，他告诉我有一个商人去世了，他的商店和店里的大批商品正以极低的价格贱卖。他说我们可以合伙经营这家店铺，但他必须先回巴比伦取钱，他劝我用自己的钱买下这间商店，并承诺在之后的经营中他会出钱。

"'他迟迟没有前往巴比伦，与此同时，我发现他是一个缺乏商业头脑并且挥霍无度的人。我最终决定与他散伙，但这时我们的店里堆满了卖不出去的商品，而且没有钱进货。我只能把剩下的货物低价处理给一个以色列人。

"'父亲，我告诉您，接下来我很快陷入了困境。我找不到工作，

161

因为我既没有做买卖的本钱，也没有一门可以赚钱的手艺。为了支付食宿的费用，我卖掉了马匹，卖掉了奴隶，卖掉了多余的衣服，但我离穷困的生活越来越近了。

"'父亲，在那些困苦的日子里，我谨记着您对我的期待。你想让我成为一个顶天立地的人，这也是我决心实现的目标。'他的母亲用手捂住脸庞，轻声哭泣着。

"'这时，我想起你曾送给我一块刻着五个黄金法则的泥版。于是，我无比认真地读着泥版上的字，我意识到假如我先理解这些智慧，便不会损失那些黄金了。我用心记住了每一条法则，决定在下一次幸运女神对我微笑时，再也不会像个毫无经验的年轻人一样了。我要用古老的智慧来指引自己前进。

"'接下来，让我为今晚在座的各位朗读刻在父亲十年前送给我的泥版上的箴言吧：

### 五个黄金法则

法则一：只要将收入的十分之一用于为自己和家人的未来而累积财富，每个人都可以变得越来越富裕。

法则二：聪明的主人善于运作财富，让黄金像田野里的羊群一样不断繁殖，为自己带来更多财富。

法则三：谨慎的主人才能保住财产，投资之前应多向擅长理财的人请教。

法则四：将黄金投资于自己不熟悉的领域或者没有得到专家认可的领域便会蒙受损失。

法则五：勉强进行冒险投资、听从骗子的建议，以及因缺乏经验而不切实际地进行投资都将造成损失。

"'这便是父亲为我刻下的五个黄金法则。我确实认为它们的价值远胜过黄金本身，接下来的故事会证明这一点。'

"他再次看向他的父亲：'我已经讲过由于缺乏经验，我面临着怎样贫穷绝望的处境。

"'然而，所有灾难都会有结束的一天。后来我找到了一份工作，负责管理修筑城墙的一群奴隶，我的厄运终于结束了。

"'根据第一条黄金法则，我从每一笔薪水中省下一枚铜板，最后终于攒到一枚银币。这个过程十分缓慢，毕竟我还要支付日常生活的花销。但我过得很节俭，因为我下定决心要在十年之内把父亲当初给我的那笔钱重新赚回来。

"'我和那群奴隶的主人逐渐成为朋友。有一天，他对我说："你真是个节俭的年轻人，不会挥霍自己的薪水。你把工钱攒起来了吗？"

"'是的，'我回答，'我把父亲给我的钱花光了，我一定要把这笔钱赚回来。'

"'我相信这是个了不起的目标。你知道你攒下来的钱可以为你工

作，帮你赚到更多钱吗？'

"'唉！我只有不好的投资经验，我把父亲给我的钱都赔光了，我担心下一次投资会赔掉我自己赚来的钱。'

"'如果你相信我，我可以给你上一堂理财课，'他说，'外墙在一年之内就会建成，每个入口都会竖起铜制的大门，用来抵御外敌入侵。可是尼尼微没有足够的金属储备，国王也没有想到这个问题。我的计划是这样的：我们一群人准备凑钱建立一支商队，去远方的铜矿和锡矿产地购买尼尼微需要的金属。等到国王下令建造城门时，只有我们能提供金属材料，他会出好价钱来买我们的货。即使国王不从我们这里购买金属，我们也能用合适的价格把货卖给别人。'

"'他的提议让我看到了一个机会，我可以遵照第三条财富法则的教导，让这位有智慧的人帮助我进行投资。这个选择没有令我失望。我们成功了，这笔交易极大地增加了我原本微薄的积蓄。

"'不久后，我成了他们之中的一员，我们合作投资了许多项目。他们十分擅长打理资产，每一个计划在执行之前都经过了严密的讨论。他们绝不会冒着损失本金的风险进行投资，也不会做没有好处的赔本买卖。我在经验不足时参与的赌马和投资都无法通过他们的审查，他们会立刻指出这些项目的风险。

"'通过与这些人的交往，我学会了如何利用安全的投资获得收益。随着时间的流逝，我积累财富的速度越来越快。我赚到的钱已经超过了当年失去的黄金。

"'父亲，我在失败与成功的经验中反复验证了五个黄金法则的智慧，它们适用于我的每一笔交易。对于不了解这五条法则的人来说，财富总是来得缓慢，去得匆忙。如果遵循这五条法则，黄金便会像听话的奴隶一般服务于主人。'

"诺马瑟说完后指了指站在房间后方的奴隶。奴隶走上前来，分三次运来三个沉甸甸的皮袋。诺马瑟将其中一个袋子放在父亲面前，再次开口说道：

"'您曾送给我一袋巴比伦的黄金。现在，我还给您一袋同等价值的尼尼微黄金。所有人都会认同，这是等量交换。

"'您还送给我一块铭刻着智慧的泥版。现在，我还给您两袋黄金。'说完，他从奴隶手中接过剩下的两个袋子，一同放在父亲面前。

"'父亲，我这么做是为了告诉您，我认为智慧比黄金更有价值。然而，有谁能用黄金来衡量智慧的价值呢？没有智慧却拥有黄金的人会很快失去黄金，有了智慧却没有黄金的人能够白手起家获得财富，就像这三袋黄金所证明的那样。

"'父亲，我用您教给我的智慧成了受人尊敬的有钱人。现在我站在您面前向您展示我的成就，这令我感到深深的满足。'

"父亲充满慈爱地摸着诺马瑟的头说：'你学得很棒，我很幸运能拥有你这样的儿子，我可以把财产放心地托付给你了。'"

卡拉巴的故事讲完了，他认真地看着听众们。

"你们从诺马瑟的故事里学到了什么呢？"他问道。

"你们之中有谁能妥善地管理父亲或岳父的财产呢?

"如果你们对这些长辈们说:'我去过许多地方,学到了很多知识,做过大量的工作,赚到过很多收入,但我却没有积蓄。我的钱有些花得很值,有些花得不值,有许多损失是不应该发生的。'他们会如何看待你们呢?

"有些人拥有大量财富,而有些人一无所有,你们认为这都是命运的安排吗?如果是这样,你们便想错了。

"理解了五个黄金法则并加以运用的人会获益良多。

"我在年轻时便学会了这五个法则,并一直遵循这些法则行事,因此我成了一名富商。我的财富可不是通过一些奇怪的法术获得的。

"财富如果来得快,那么它去得也快。

"能够为所有者带来长久满足的财富都是逐渐积累起来的,因为这样的财富来源于知识和毅力。

"对于有心人来说,获取财富只是一项轻微的负担,长期积累财富才是最终目的。

"遵守五个黄金法则将为你们带来丰厚的回报。每一条法则都蕴含着丰富的意义,为了避免你们错过上述简短故事里的重点,现在我将这五条原则再重复一遍。我已经将它们铭记于心,因为我从小便知道它们的价值,甚至将它们一字一句地背了下来。"

## 第一个黄金法则

只要将收入的十分之一用于为自己和家人的未来而累积财富,每个人都可以变得越来越富裕。

"任何人只要坚持将收入的十分之一用于理性投资,就一定会积累一笔宝贵的资产。这些资产在未来将成为他的收入来源,并在他去世后继续保障家人的生活。这条法则说明财富会降临在这样的人身上。我自己的经历便是证明。我积累的财富越多,就越容易赚到更多的钱。我省下的钱可以带来更多利润,这些利润又会赚来更多利息,对你们来说也是一样,这便是第一个黄金法则的作用。"

## 第二个黄金法则

聪明的主人善于运作财富,让黄金像田野里的羊群一样不断繁殖,为自己带来更多财富。

"实际上,黄金很乐于为主人服务。只要有机会,它便会努力增值。每一个拥有储蓄的人都有机会利用这笔钱获得最大的利益。随着时间的流逝,财富将以惊人的速度不断增长。"

## 第三个黄金法则

**谨慎的主人才能保住财产，投资之前应多向擅长理财的人请教。**

"坦白地说，黄金会守在谨慎的人身边，正如它会从粗心的人手中溜走。向擅长理财者请教意见的人很快便能学会不要做让财富蒙受损失的事，他们能够安全地保管财富，并享受财富的持续增长。"

## 第四个黄金法则

**将黄金投资于自己不熟悉的领域或者没有得到专家认可的领域便会蒙受损失。**

"对于拥有黄金却不善于理财的人来说，许多项目看起来都像是利润丰厚的投资。但这些项目时常充满风险，一旦经过聪明人合理的分析，我们便会发现它们很难盈利。因此，缺乏经验的投资者如果相信自己的判断而把钱投在不熟悉的领域，便很可能发现自己判断失误，并为缺乏经验付出代价。根据专家的建议进行投资才是明智的选择。"

## 第五个黄金法则

**勉强进行冒险投资、听从骗子的建议，以及因缺乏经验而不切实际地进行投资都将造成损失。**

"刚获得一笔财富的人时常会收到一些有如冒险故事一般刺激的提案。这些计划仿佛能对他的财富施展魔法，为他带来意想不到的盈利。然而聪明的人们都知道，每个承诺带来巨额财富的计划背后都隐藏着风险。

"不要忘记，故事中尼尼微的富商从不做可能损失本金的投资，也不会做没有利润的投资。

"这就是五个黄金法则的故事。我已经将获得成功的经验传授给你们了。

"这些法则不是秘密，而是每个人都需要掌握和遵循的真理。大多数人像流浪狗一样为了每天的食物而发愁，这些法则可以帮助他们。

"明天，我们就要抵达巴比伦了。看啊！那是贝尔神庙的永恒之火！黄金之城已经近在眼前了。明天，你们每个人都能拿到金子，那是你们用忠诚的服务换来的报酬。"

"十年以后，你们明天拿到的金子将变成什么呢？

"如果你们之中有人像诺马瑟那样用一部分金子开始创业，并从此用阿卡德的智慧来指引自己，从今天起的十年之后，你们会像阿卡德的儿子一样成为值得尊敬的有钱人。

"理智的行动会在我们的一生中带来满足与帮助，不理智的行动当然也会将我们引入痛苦和灾难，绝不能忘记这一点。其中最折磨我们的便是那些应该做而未做的事，以及那些与我们擦肩而过的机会。

"巴比伦拥有无法计算的丰饶财富。每一年，巴比伦的财富都在增长。正如每一片土地上的财富一样，它们是对不懈追求财富的人们的嘉奖。

"你们自身的意志拥有强大的魔力。如果用五个黄金法则来引导强大的意志力，你们也能分享巴比伦的财富。"

# 7

# 巴比伦的借贷商人

50枚金币！制作长矛的巴比伦人罗丹（Rodan）从没拥有过这么多钱。他从王宫中走出来，一边走一边感念国王的慷慨。每走一步，系在腰上的钱袋就会晃动，钱袋里的金币叮当作响——这是他听过的最优美的音乐。

50枚金币！全都是属于他的！他简直不敢相信自己的好运。这些叮当作响的小圆片拥有多么强大的魔力啊！它们能买到他想要的一切，一座大房子、土地、牛群、骆驼、马匹、战车，无论他想要什么都行。

他要怎样使用这笔钱呢？那天晚上，他正走在通往姐姐家的小路上，除了口袋里沉甸甸的金子之外，他想不出还想要什么，他可以留下这些钱。

几天后的一个晚上，罗丹心事重重地走进马顿（Mathon）的店铺，马顿是一个借贷商人，同时也经营珠宝和高级布料的生意。他无心欣赏店里琳琅满目的商品，径直走到店铺后方的起居室。他看到彬彬有礼的马顿正坐在地毯上吃晚饭，一个黑奴在服侍他。

"我想请教你的意见，因为我实在不知道该怎么做。"罗丹叉着双脚，垂头丧气地站在那里，毛茸茸的胸膛在皮衣下隐约可见。

马顿又瘦又黄的脸上露出友善的微笑："你做了什么不理智的事，竟需要寻求借贷商人的帮助？你在赌桌上输了钱吗？你卷入桃色纠纷了吗？我认识你许多年了，但你从没找我帮你解决财务危机。"

"不，并不是这样的。我想要的不是金子，而是你的建议。"

"听听！你这个人说了什么。没有人找借贷商人寻求建议。我一定是听错了。"

"你没听错。"

"竟然是真的吗？制作长矛的罗丹比所有人都更聪明，因为他来找马顿不是为了借钱，而是为了听取他的建议。许多人来找我借钱以弥补他们做过的蠢事，但他们都不需要我的建议。但是，对于陷入麻烦的人来说，谁又能比借贷商人给出更好的建议呢？"

"罗丹，和我一同进餐吧，"他继续说道，"今晚，你是我的客人。安多（Andol），"他命令那名黑奴，"这是我的朋友罗丹，他是个制作长矛的工匠，他来听取我的建议。给我的朋友拿个垫子来，再给他多拿一些食物，为他准备我最大的酒杯，拿最好的酒来，一定要让他喝得尽兴。

"现在，跟我说说你的麻烦吧。"

"国王赐给我一份礼物。"

"国王的礼物？国王竟然给了你一份礼物，并且你为此而困扰？是什么礼物？"

"我为王宫卫兵设计了一种新的矛尖，国王对我的设计很满意，于是赐给我50枚金币，现在我不知所措。"

"我时刻都在思考应该跟谁分享这笔钱。"

"这很正常。大多数人都想要金子，却不知道该拿金子怎么办。一旦有了钱，便会有很多人想要分一杯羹。但你不能拒绝他们吗？难道你的意志不像你的拳头一样坚硬吗？"

"我可以拒绝很多人，但有时候还是接受对方的请求比较简单。难道我能拒绝与亲爱的姐姐分享这笔钱吗？"

"当然可以，你的姐姐不会想要剥夺你享受国王赏赐的快乐。"

"但她是为了她的丈夫阿拉曼（Araman）才向我提出要求的，她希望丈夫能成为富有的商人。她觉得丈夫一直没有遇到机会，她恳求我把钱借给他，等他经商成功后就会把钱还给我。"

"我的朋友，"马顿说，"你的问题很值得讨论。黄金给拥有它的人带来责任，也为他身边的人们带来转机。人们害怕失去黄金，或者被人骗走黄金。黄金给人带来力量，使人有能力做好事。同样，黄金也可能为好心的人招来灾祸。

"你听说过能理解动物语言的尼尼微农夫的故事吗？我猜你大

概没听过，因为这不是坊间喜欢谈论的故事。让我把这个故事讲给你听吧，听完你就会知道，借钱并不是把金子从一双手中交到另一双手中那么简单。

"这个农夫可以听懂动物之间的交谈，每天晚上，他都在农场走来走去，偷听动物们的谈话。一天夜里，他听见公牛对驴子抱怨道：'我从早到晚拉犁耕地。无论天气多么炎热，我的腿多么酸痛，即使绳子磨破了我的脖子，我还是必须工作。你却过得很悠闲。你身上披着五彩斑斓的毛毯，只要载着我们的主人去他想去的地方就够了，其余事情什么也不用做。主人不出门的时候，你就可以整天休息和吃草了。'

"驴子虽然有一双凶猛有力的后蹄，却是一个好心肠的家伙，它很同情公牛的遭遇。'好朋友，'它回答，'你的工作很辛苦，我愿意帮你减轻负担。让我教你一个可以休息一整天的方法吧。明天早晨奴隶来牵你去拉犁的时候，你就躺在地上惨叫，这样他会以为你病了，不能干活了。'

"于是公牛听取了驴子的建议。第二天早晨，奴隶向主人报告公牛病了，不能拉犁。

"'既然这样，'农夫说，'农活不能中断，把驴子牵来拉犁吧。'

"驴子只是想帮助朋友，那一天它却不得不代替公牛去工作。到了晚上，驴子卸下了身上的农具，它的心中苦不堪言，四条腿疲惫不堪，它的脖子被绳索磨得很痛。

"农夫在谷场前倾听它们的对话。

"公牛先开口说道：'你真是我的好朋友。你聪明的建议让我享受了一整天的休息。'

"'可是我呢，'驴子生气地说，'我像其他许多傻瓜一样，本来只想帮助朋友，最后却代替朋友做苦工。从今以后你自己拉犁吧，我听见主人告诉奴隶，下次你再生病时，就叫屠夫来。我希望他说到做到，因为你是个懒蛋。'以后它们再也没有跟对方说过一句话，它们的友谊到此为止了。罗丹，你知道这个故事说明了什么道理吗？"

"这是个好故事，"罗丹回答，"但我听不出什么道理。"

"我想也是。但这个道理很简单：如果你想帮助朋友，就不要把朋友的负担转移到自己身上。"

"我从没有想到这一点，这很有道理。我不想接过姐夫的担子。可是你曾把钱借给很多人，告诉我，借钱的人难道没有还钱吗？"

马顿露出了阅历丰富的智者特有的微笑："如果借款人无力偿还，我还会借钱给他吗？借贷商人应当仔细判断借款人能否好好利用这笔资金，并且有能力偿还本金和利息；如果借款人无法合理使用这笔钱，那么借贷商人将失去一笔财富，借款人也会背上一笔还不清的债务。让我给你看几件抵押物，它们都有各自的故事。"

他从房间里取出一个和他的手臂同样长的箱子，箱子上盖着一块装饰着铜制纹饰的红色猪皮革。他把箱子放在地上，蹲下身来将双手放在盖子上。

"我向每个借款人收取一件抵押品，放进这个箱子里，直到贷款还清再把抵押品还给他们。但是如果他们一直不还钱，这些抵押品可以提醒我，它们的主人辜负了我的信任。

"有些人的抵押品比他们要借的钱更贵重，这个箱子可以证明，把钱借给这样的人是最安全的交易。他们拥有土地、珠宝、骆驼或其他可以变卖还债的东西。还有人承诺与我签署财产协议，如果无力换钱就用财产抵债。对于这样的交易人，我相信他们会连本带利还钱给我，因为他们的借款有财产做抵押。

"另一类借款者是有能力赚钱的人。他们就像你一样，通过劳动或服务来赚钱。他们有稳定的收入，如果他们诚实地生活，没有遭遇不幸，我知道他们也能连本带利地还清从我这里借的金子。这样的交易以人力作为保证。

"还有一类人既没有资产，又没有固定收入。生活中充满艰辛，总有人无法适应这样的生活。装有抵押品的箱子告诉我，除非有人知道他们是诚信的人，并愿意为他们担保，否则我连一个铜板也不应该借给他们。"

马顿打开了箱子。罗丹好奇地凑上前去。

在箱子的最上方有一块红布，红布上放着一条镶着铜饰的围巾。马顿拿起围巾，爱不释手地摸了摸："我会永远把它收藏在装抵押品的箱子里，因为它原本的主人已经离开人世。我很珍惜他留下的抵押品，就像珍惜有关他的回忆一样，因为他是我的好朋友。在他结婚之前，我们一直在一起做生意，并赚到了不少钱。他的妻子来自东方，长得十分美丽，但她和我们这里的女性不一样，她的美动人心魄。为了满足妻子的要求，他一掷千金。钱花光后,他落魄地来找我。我给了他一些忠告,告诉他我愿意帮助他东山再起。他向我发誓他会振作起来,但事情却不尽如人意。他和妻子吵架,他在盛怒之下口不择言,让妻子干脆杀死他算了,他的妻子照他所言用刀刺进了他的胸膛。"

"那他的妻子呢?"罗丹问。

"当然,这就是她的东西。"他拿起围巾下方的红布,"她后悔莫及,跳进幼发拉底河自尽了。这两笔钱永远不会有人来还了。罗丹,这些东西证明了把钱借给情绪过于激动的人是不会有好下场的。

"但这个就不一样了。"他拿出一个牛骨雕刻而成的戒指,"这个戒指的主人是一个农夫。我买过他的妻女编织的地毯。有一年发生了蝗灾,他们没有食物。我帮了他,等到收获了新的庄稼,他便把钱还给我。后来,他又来找我,他从旅行者那里听说了一种异国特有的羊,它们的毛又长又软。这种优质的羊毛可以织成毛毯,那种毛毯比巴比伦人见过的所有毛毯都更华丽。他想买一群羊,却苦于资金不足。于是我借给他旅费和购买羊群的钱。现在他有了自己的羊群,明年,巴比伦的贵族们就会惊讶地发现,他们见过的最昂贵的地毯已经问世了。我必须把这个戒指还给他。他坚持要尽快还钱。"

"会有借钱的人要求尽快还钱吗?"罗丹问道。

"如果他们借钱的目的是帮自己赚到更多的钱,他们就会尽快还债。可是如果他们因为轻率的理由而借钱,我需要提醒你,你借出去的钱可能再也回不来了。"

"告诉我这个东西的故事吧，"罗丹拿起一个沉甸甸的金手镯，手镯上镶嵌着罕见的宝石。

"我的好友似乎对女性很感兴趣，"马顿打趣他。

"我毕竟比你年轻许多。"罗丹不客气地说。

"确实如此，你以为这件东西背后有一个浪漫的故事吧，但这一回你猜错了。手镯的主人是一个满脸皱纹的胖女人，她很喜欢唠叨，却言之无物，她简直令我发疯。她和丈夫曾经很有钱，是信誉良好的顾客，但后来他们遭遇了不幸。她想把儿子培养成商人，于是她来向我借钱，想让儿子加入一个商队，跟随商队主人在各个城市之间行商。

"但他们不知道，商队主人是个无赖，他趁这个孩子睡着时提前出发，把他丢在一个遥远的城市里。她的儿子身无分文，周围也没有朋友可以帮助他。也许等他们的儿子长大以后会把钱还给我，在那之前，我拿不到一分钱的利息，只有口头上的承诺。但我承认，这些珠宝已经可以抵得上他们借走的钱了。"

"这位女士有向你请教过如何使用借来的钱吗？"

"恰恰相反。她坚信儿子会成为有钱有势的巴比伦人。如果我反驳她的意见，这么做只会令她怒不可遏而已。我就受过她的斥责。我知道这个毫无经验的男孩可能会遭遇风险，但她毕竟留下了抵押品，我无法拒绝她的要求。"

马顿挥了挥一捆打结的绳子，继续说道："这是内巴特（Nebatur）的东西，他以贩卖骆驼为生。他想购买更多骆驼，却没有足够多的资金,于是他用这捆绳子作为抵押向我借了一笔钱。他是个聪明的商人。我相信他的判断力,并且愿意借钱给他。在巴比伦,有许多商人用诚信的行为赢得了我的信任。我经常与他们做生意。优秀的商人是我们这座城市的宝贵资产,帮助他们周转资金可以让巴比伦更加繁荣,也可以为我带来利益。"

马顿拿起一个绿松石雕刻的甲虫,厌恶地把它丢在地上:"来自埃及的小虫子。它的主人根本不关心我能不能拿回借款。当我责备他时,他回答:'我一直都很倒霉,又怎么还钱给你呢?况且你的钱比我多。'我能怎么做呢?这件抵押品属于他的父亲。他的父亲虽然薪水微薄,却是一个值得尊敬的人,为了支持儿子的事业,他抵押了土地和牲口。这个年轻人一开始取得了一点成就,然后便迫不及待地想要发大财。他的思想还很不成熟。所以他的事业失败了。

"年轻人总是野心勃勃。他们在追求财富和自己想要的东西时喜欢走捷径。为了快速获取财富,年轻人时常冲动地借钱。

"缺乏经验的年轻人不知道,无力偿还的债务就像无底深渊,一旦陷入其中,便会一路跌至谷底,很长时间都无法脱身。这个深渊里只有痛苦和悔恨,那里是阳光照射不到的地方,他们只能在一个又一个不眠之夜辗转反侧。但我并不反对借钱。如果是出于合理的目的,我是鼓励借钱的。我自己就是用借来的钱经商,从而赚到了第一桶金。

"然而,作为一名借贷商人,我在这种情况下又能做什么呢?这位年轻人一事无成,他已经陷入了绝望。他对自己灰心丧气,没有为还钱付出过一丝努力。一想到那位父亲有可能失去抵押的土地和牲口,我便心痛不已。"

"你给我讲了很多令我感兴趣的故事,"罗丹说道,"可是,你还没有回答我的问题。我应该把 50 枚金币借给姐夫吗?这个问题的答案对我来说很重要。"

"你的姐姐是个很优秀的女性,我很尊重她。假如她的丈夫来向我借 50 枚金币,我会问他要用这笔钱做什么。

"如果他告诉我,他想成为像我这样的商人,做一些珠宝和装饰品的交易,我会问他,你对经商的诀窍了解多少?你知道在哪里可以用最低的价格进货吗?你知道如何设定合理的价格吗?他能回答这些问题吗?"

"不,他无法回答,"罗丹承认,"他经常帮我制作长矛和打理店铺,但对于经商他并不了解。"

"既然如此,我会告诉他这个目标并不明智。商人必须了解自己的行业。尽管他的野心值得肯定,但他的计划却不切实际,我不能把金子借给他。

"不过,假如他说:'我经常帮商人做事。我知道怎么去士麦那①以低廉的价格采购家庭主妇编织的地毯。我也认识许多有钱的巴比伦人,我可以把这些地毯高价卖给他们。'那么我会说:'你的目标很明确,你的野心值得钦佩。我很高兴借给你 50 枚金币,只要你能保证你会还钱。'但假如他说:'我是个言出必行的人,我向你保证一定会还钱,

---

① 士麦那(Smyrna):今称伊兹密尔(Izmir),土耳其西部港口城市。

还会给你一笔丰厚的利息，除此之外，我没有其他担保物。'那么我会说：'我很珍惜每一枚金币。如果在你前往士麦那的路上遭遇抢劫，或者在回程的路上货物被抢走，那么你便一无所有，我的金子也回不来了。'

"罗丹，黄金就是借贷商人的商品。借钱给别人是一件很容易的事情。然而，如果借给不应该借的人，就很难收到还款。聪明的借贷商人不会让自己承担风险，他需要的是按时还款的保证。

"帮助有困难的人是一件好事，"他继续说道，"帮助遭受不幸命运的人是一件好事。帮助创业的人是一件好事，未来这个人可能为城邦做出重大的贡献。但我们必须慎重挑选帮助的对象，否则便会像农夫的驴子一样，原本想要帮助别人，结果却将别人的重担背在自己身上。

"我又忘记回答你的问题了，罗丹。不过，这就是我的答案：不要把50枚金币借给别人。你用劳动赚到了这笔钱，它是只属于你的奖励，没有人能把责任强加在你身上，除非那是你自身的愿望。如果你认为把钱借出去可以赚回来更多的钱，那么就慎重选择借钱的对象，并且把钱借给许多不同的人。我不喜欢让金钱闲置，但我更不喜欢承担风险。

"你做长矛用了多长时间？"

"整整三年。"

"除了国王的赏赐之外，你还攒了多少钱？"

"三个金币。"

"每年你都会省吃俭用地攒下一枚金币吗？"

"正如你所说。"

"你需要省吃俭用五十年，才能攒够 50 枚金币吗？"

"那确实需要我付出一生的努力。"

"你想一想，你的姐姐会希望用你在炼铜炉旁辛苦工作五十年的积蓄来帮助她的丈夫成为一名商人吗？"

"如果像你这么说，她应该不希望这样。"

"那么就去告诉她：'在过去三年里，除了斋戒的日子之外，我每天从早到晚都在工作。我放弃了许多内心渴望拥有的东西。每年，我通过劳动和节俭只能省下一枚金币。你是我最爱的姐姐，我希望你丈夫的事业可以飞黄腾达。如果他能拿出令我和我的朋友马顿信服的商业计划，那么我很乐意将我一整年的积蓄借给他，让他有机会证明自己可以在生意场上取得成功。'把这些话告诉她，如果你的姐夫有成功的决心，他就会证明自己。即使失败了，他欠你的钱也不至于多到还不清。

"我之所以能成为借贷商人，是因为我的钱除了用来经营原本的生意之外还有盈余。我想让多余的金子为别人服务，从而创造更多的财富。我不想承受失去本金的风险，因为我为这些钱付出了大量劳动并克制了许多欲望。所以，如果我不确定对方是否有能力偿还借款，我便不会把钱借给他。如果我不确定对方能按时支付利息，我也不会把钱借给他。

"罗丹，我已经给你讲过几件抵押品的故事了。你可以从这些故事里看到人性的弱点，人们总是急匆匆地借钱，却不管自己是否有能力还钱。他们相信只要有了钱，自己就能赚到更多的钱，但这通常只是虚幻的梦想，他们并没有能力实现这些梦想。

"罗丹，现在你有钱了，你应当用这些钱赚到更多财富。你甚至可以像我一样成为借贷商人。如果你能安全保管你的金子，它可以为你带来丰厚的利润，成为你一生的财富源泉。然而，如果你失去了这笔钱，你将终生为此后悔和难过。

"你最想如何处置钱袋里的金子？"

"安全地保管它们。"

"说得好，"马顿赞许地说，"你的首要目标是保证它的安全。你想一想，如果把这笔钱交给你姐夫，你还能保证它不会有损失吗？"

"恐怕不能，因为我的姐夫不擅长保管钱财。"

"那么就不要受到愚蠢的情感和责任的影响而把财产交给他人。如果你想帮助家人和朋友，不要用自己的财产去冒险，试着寻找其他方式去帮助他们吧。不要忘记缺乏理财经验的人是怎样眼睁睁地看着金子溜走的。无论是自己将财产挥霍一空，还是让别人替你这么做，结果都是一样的。

"在确保安全之后，下一步你会怎么做呢？"

"用这笔钱赚到更多的金子。"

"你的回答依然充满智慧。这笔钱应该为你赚来更多财富。如果明智地挑选借钱对象，你借出去的钱在你年老之前便能翻一番。如果不小心亏损，那么你损失的不仅是本金，还有可能赚到的利息。

"有人会说他们能帮你赚到庞大的利润，不要听信他人吹嘘一些不切实际的疯狂计划。想出这些计划的人并不了解安全交易的法则，他们只会白日做梦。对于潜在的利润要保持谨慎，这样你才能保住自己的财产。高利率的承诺通常伴随着蒙受损失的风险。

"多结交已经取得成功的商人，他们的智慧和经验可以保障你的财产安全并帮助你获得丰厚的利润。

"这样一来，你就能避免大多数获得意外之财的人们的厄运了。"

罗丹正想要感谢他的建议，马顿却制止了他，并说道："国王的赏赐将教给你很多智慧。如果你想保住这50个金币，你必须格外小心谨慎。你将面临许多诱惑。你也会听到许多人的建议。他们会为你提供许多赚大钱的机会。请以我收藏的抵押品的故事为戒，在你从钱袋里掏出金币之前，一定要保证这些钱能安全地回到你的口袋里。如果你还需要其他建议，欢迎再来找我，我很乐意帮助你。

"在你离开之前，请看一看我刻在抵押品箱子背面的一句话。这句话对于借钱的人和借贷商人都适用：

**小心谨慎胜过懊悔不已。"**

# 8
# 巴比伦的城墙

老班泽（Banzar）是一个威严的战士，他负责看守通往巴比伦古城墙顶端的长廊。在城墙上，英勇的士兵们为了守卫巴比伦而奋战。他们肩负着这座伟大城市和成千上万名市民的命运。

墙外传来各种声音，有敌人的吼声、众人的叫喊声、嘈杂的马蹄声，还有攻城锤撞击青铜城门发出的巨响。

枪兵埋伏在城门后，一旦城门被攻破，他们将在入口进行防守。他们的人数很少。巴比伦的主力军队由国王率领，正在东方远征攻打依兰人。没有人料到敌人会在主力军远征时来犯，守城军队人手不足。这时，亚述人的大军突然从北方打过来。如今，他们必须守住城墙，否则巴比伦将灭亡。

班泽周围站着很多面色苍白、惊慌失措的市民，他们急切地打听着战况。他们敬畏地看着伤员和阵亡将士的尸体不断从通道运走。

现在是攻守战的关键时刻。经过了三天的围城，敌军突然对这扇城门发起了全力进攻。

城墙顶端的守卫用弓箭和火油击退了沿着鹰架和云梯往上爬的进攻士兵。即使有人爬到顶端，也会被长矛刺死。另一面，上千名敌军的弓箭手向守城士兵射出密集的箭雨。

老班泽所站的位置适合观察战况。他离战场最近，可以听见每一波疯狂的进攻者被击退的声音。

一个年迈的商人匍匐靠近他，商人的双手不断地颤抖着。"告诉我！告诉我！"他恳求道，"他们不会打进来的。我的儿子们正在追随国王远征，家里没人可以保护我年迈的妻子。他们会抢走我所有的货物，不会给我们留下一口吃的。我们老了，没有能力保护自己，也没有力气做奴隶。我们会饿死的。即使没有饿死，我们也会没命的。告诉我他们不会打进来。"

"好商人，冷静下来，"卫兵回答道，"巴比伦的城墙很坚固。回集市里去吧，告诉你的妻子城墙可以保护你们，你们的全部财产都像国王的宝藏一样安全。回去的时候沿着城墙走，小心别被乱箭击中！"

老人离开后，一位抱着婴儿的妇人走过来，站在老人之前的位置上。"军士，城墙上面的情况怎么样了？告诉我实情，我好让丈夫安心。我那可怜的丈夫受了重伤，躺在床上发着烧，但他坚持要穿上铠甲，拿起长矛保护我和孩子。他说一旦敌人打进来，就会无情地报复我们。"

"你是个善良的母亲,你一定会多子多福,巴比伦的城墙高大又结实,它可以保护你和你的孩子们。我们英勇的卫士正在把滚烫的热油倒在往上爬的敌人身上,你能听到卫兵们的吼声吗?"

"我听到了,我还听见攻城锤正在撞击我们的城门。"

"回到你丈夫身边吧。告诉他城门很坚固,可以抵御撞击。正在往城墙上爬的敌军都会被长矛刺死。路上小心,注意藏在房子后面。"

班泽走到一边,给全副武装的增援部队让路。伴随着盾牌撞击的铿锵声和沉重的脚步声,增援部队从他面前走过了。一个小女孩扯了扯他的腰带。

"士兵,请告诉我,我们是安全的吗?"她请求道,"我听见可怕的声响,我看到所有人都在流血,我害怕极了。我们的家园会变成什么样?我的妈妈、弟弟和小宝宝会怎么样?"

面色凝重的老兵眨了眨眼,俯下身子看着小女孩。

"小家伙,别害怕,"他安抚道,"巴比伦的城墙可以保护你、你的妈妈、弟弟和小宝宝。塞米勒米斯女王在一百多年前下令修建了这些城墙,就是为了保护你们的安全。从没有人攻破过这些城墙。回家吧,告诉妈妈、弟弟和小宝宝,巴比伦的城墙会保护他们,让他们不必害怕。"

一天又一天过去了,老班泽站在自己的岗位上,看着增援士兵不断从通道走过,他们在城墙上坚持战斗,直至受伤或阵亡才被运送下来。不断有担惊受怕的市民来到他身边,焦急地向他询问城墙能否挡住进攻。他带着一名老兵的尊严告诉所有人:"巴比伦的城墙会保护你们。"

攻城持续了二十六天，几乎从未中断。班泽身后的通道上洒满了众多伤员的鲜血，来来往往的人群将鲜血踏成泥浆，他的表情也随之变得越来越凝重。每一天，城外都堆着一群群进攻者的尸体。每天夜里，这些尸体都会被他们的同胞运回去安葬。直到第四个星期的第五个夜晚，喧嚣声仍未止息。第一缕曙光照亮了平原，撤退的军队扬起漫天尘埃。

守城士兵当中传来洪亮的喊声，它的含义毫无疑问。在城墙后待命的部队也发出此起彼伏的欢呼声，街上的市民也在回应。暴风雨般激烈的欢呼声响彻整座城市。

人们从家中跑出来。街上挤满了雀跃的人群。人们高声呐喊，发泄数周以来的压抑和恐惧。贝尔神殿的高塔顶端点燃了胜利的火焰，蓝色的狼烟升入高空，将胜利的消息传递到远方。

巴比伦的城墙再一次抵御了强敌的入侵，保护了市民的生命免受敌人的侵犯，也保护了市民的财产不受掠夺。

巴比伦文明之所以能够绵延数百年，是因为它受到了牢固的保护。

巴比伦的城墙极好地证明了人们渴望安全，也需要保护。对安全的渴望在人类的基因里代代相传。如今，这种渴望同过去一样强烈，并且我们已经发展出更完善的安保计划。

如今，保险、储蓄和可靠的投资为我们竖起坚固的高墙，它们可以帮助我们抵御每个家庭都有可能遭遇的意外和灾难。

**我们不能没有足够的保护。**

# 9
# 巴比伦的骆驼商人

一个人的身体越是饥饿，他的头脑就越清醒——同时，他对食物的气味也会越发敏感。

阿祖（Azure）的儿子塔卡德（Tarkad）对此深有同感。整整两天，除了从花园里偷来的两颗小无花果之外，他什么也没有吃。在他想偷摘第三颗的时候，一个生气的妇人冲了出来，追着他跑了一条街。当他在市场穿行时，她的叫骂声仍在他的耳边回响。这段心有余悸的经历帮他管住了蠢蠢欲动的手指，他没有再从市场里卖菜的妇人篮子里偷走诱人的果实。

以前他从不知道巴比伦市场里的食物有多么丰盛，也不知道它们的味道有多么好闻。他离开市场，经过一间小旅馆，在餐馆门前走来走去。也许他能在这里遇见一个熟人，他可以向熟人借一个铜板，看见这枚铜板，旅店老板冷漠的脸上便会露出微笑，并愿意为他提供热心的服务。没有这枚铜板，他知道自己根本不受欢迎。

他心不在焉地走着，不经意撞上了他最不想见的一个人——高高瘦瘦的骆驼商人达巴瑟（Dabasir）。在所有曾借钱给他的朋友当中，达巴瑟是最令他难堪的，因为他没能实现按时还钱的承诺。

达巴瑟一看到他便露出高兴的神色，"哈！塔卡德，我一直在找你。一个月前我曾借给你一枚银币，在那之前我也曾借钱给你，刚好我们遇见了，你可以把这些钱全部还给我吗？今天我就要用钱了。年轻人，你说呢？"

塔卡德脸红了，他说不出话来。他正饿着肚子，没有力气与直言不讳的达巴瑟争吵。

"对不起，真的很对不起，"他无力地嘟哝着，"可是今天我没带银币，甚至连铜板也没有，我没有钱可以还给你。"

"那就去赚钱啊，"达巴瑟坚持道，"我是你父亲的老朋友，我曾在你有需要的时候慷慨解囊，你当然能赚来几个铜板和一枚银币来还我吧？"

"我一直都很倒霉，所以没办法还钱给你。"

"倒霉！你怎么能因为自己的缺点而怪罪众神呢。不幸会降临在每一个只想借钱，却不考虑还钱的人身上。年轻人，我饿了，和我一起去吃饭吧。我会给你讲个故事。"

达巴瑟的直言不讳令塔卡德汗颜，可是至少，他收到了邀请，可以走进垂涎已久的餐厅了。

达巴瑟推着他来到餐厅的一个角落,他们坐在了小块的地毯上。

这里的老板考斯科(Kauskor)微笑着走来,达巴瑟像平时一样口无遮拦地对他说:"你这沙漠里的胖蜥蜴,给我来一条羊腿,烤得焦焦的,肉汁多一些,再来点面包和各种蔬菜,我饿了,我要大吃一顿。别忘了招待我的朋友。给他拿一壶水。要凉的,天气太热了。"

塔卡德的心沉了下去。他必须坐在这里一边喝水,一边眼睁睁地看着对方大快朵颐吗?他什么也没有说。他想不出可以说什么。

然而,达巴瑟并不懂得沉默是金。他一边微笑,一边友善地朝其他客人挥手,所有人都认识他。他继续说道:

"我听一个从乌尔法(Urfa)来的旅客讲了一个有钱人的故事。这个有钱人有一块被切割得极薄、可以透光的石头。他把这块石头放在窗户上,用来遮风挡雨。这块石头是黄色的,旅客说,当他透过这块石头往外看时,他发现外面的世界变得很奇怪,不像真实世界的样子。塔卡德,你怎么看?一个人眼中的世界可以彻底变成另一种颜色吗?"

"我想可以的,"年轻人回答,他对达巴瑟面前的肥羊腿更感兴趣。

"嗯,我知道这是真的,因为我曾亲眼看到整个世界变成另一种颜色,我想讲的故事就是我怎样重新看到世界真正的颜色。"

"达巴瑟要讲故事了。"坐在旁边吃饭的一个人对同伴低声说道,他把坐垫移到更靠近他们的地方。其他客人带着食物过来围坐成一个半圆。他们咀嚼的声音在塔卡德听来很刺耳,他们拿着肉骨头在他的鼻尖底下挥来挥去。只有塔卡德没有东西可吃，达巴瑟没有提出与他分享自己的食物，甚至没有挥手示意他把掉在地上的一小块硬面包捡起来吃掉。

"我想向你们讲述我的早年经历，"达巴瑟开口讲道，他停下来咬了一大口羊腿肉，"我要告诉你们我是如何成为骆驼商人的。有人知道我曾经在叙利亚当过奴隶吗？"

达巴瑟满意地听到人群发出一阵惊讶的低语声。

"在我年轻时，"达巴瑟又咬了一大口羊腿后，继续说道，"我曾跟随父亲学习制作鞍具。我在父亲的工坊里帮他干活，还娶了一位妻子。我很年轻，手艺还不够精湛，只能赚到很少的薪水，但足以让妻子过上俭朴的生活。我很想拥有我买不起的一些高档品。很快，我发现那些店铺的老板信任我，愿意让我赊账。

"我那时还年轻，缺乏人生经验，不知道超过预算的消费只会助长不必要的自我放纵，长此以往，一定会惹上很多麻烦，自取其辱。于是，我沉溺于虚荣心中，给妻子和家里买了许多我们原本买不起的华丽的装饰品和奢侈品。

"我尽我所能地还钱，有一段时间一切都很正常。但我逐渐发现我的工钱已经不能再维持日常开销的同时还债了。债主开始催我还钱，我的生活变得一团糟。我向朋友借钱，但我也没有能力还钱给他们。我的处境变得越来越糟。妻子回了娘家，我决定离开巴比伦，去另一个城市碰碰运气。

"之后的两年，我在为商队工作，过着四处奔波的窘迫生活。在商队中，我偶然遇到一群强盗，他们在沙漠里到处打劫没有防备的商队。加入这种勾当会令我的父亲蒙羞，但我正透过一块彩色石头看世界，我还没有意识到自己已经堕落成什么样子。

"我们第一次抢劫就满载而归，我们抢来一大堆黄金、丝绸和贵重货物。我们带着这批赃物来到吉尼尔（Ginir），在那里把抢来的钱财挥霍一空。

"我们第二次打劫时就没有这么幸运了。这次的商队花钱聘请当地的首领保护他们，我们刚得手，就遭到了一群枪兵的袭击。两个领头的强盗被杀死了，剩下的人被带到大马士革①。在那里，我们被剥去衣服，卖做了奴隶。

"一个叙利亚沙漠的领袖用两枚银币将我买下来。我的头发被剪掉，身上只披着一片布，我和其他奴隶看起来别无二致。年轻时的我什么也不怕，还以为这只是一场冒险经历，直到我的主人把我带到他的四位妻子面前，告诉她们可以让我做阉人服侍她们。那时，我才真正意识到自己的处境有多么无助。这些沙漠民族骁勇善战。我没有武器，也没有逃跑的办法，只能任凭他们处置。

"我充满恐惧地站在那里，四个女人打量着我。我希望自己能激起她们的同情心。主人的第一位妻子西拉（Sira）比其他女人年长，她面无表情地看着我。我发现她行不通，于是移开视线。第二位妻子是个美

---

① 大马士革（Damascus）：叙利亚首都，叙利亚境内第二大城市。

人，她轻蔑地瞪着我，仿佛我是地上的一条小虫子。剩下两个年轻的女人咯咯笑着，仿佛这一切只是一个笑话。

"我站在那里等待她们的判决，仿佛有一个世纪那么久。每个女人似乎都想让其他人做决定。最终，西拉冷冷地开口说道：

"'我们已经有许多阉奴了，但是照顾骆驼的人手还不够，我们现有的那些奴隶都很没用。今天我本来想去看望生病发烧的母亲，但我却找不到一个值得信任的奴隶来给我牵骆驼。问问这个奴隶他会不会牵骆驼吧。'

"于是，我的主人问我：'你熟悉骆驼吗？'

"我努力掩饰着内心的激动，回答他，我能让骆驼蹲下，我能在骆驼背上装卸行李，我可以牵着骆驼走很长的路也不会感到疲惫。如果有需要，我还能修理它们身上的各种装饰。"

"'这个奴隶说得很清楚了，'我的主人说，'西拉，如果你愿意，就让他来替你照顾骆驼吧。'

"于是，我被送给西拉。那一天，我牵着她的骆驼走了很远的路去探望她生病的母亲。我趁机向她表示感谢，并告诉她我并非生来就是奴隶，我是自由人的儿子，我的父亲在巴比伦制作鞍具，他是个受人尊敬的人。我还给她讲了我的许多经历。她的评价令我感到不安，后来我仔细琢磨了她对我说的话。

"'你的弱点让你成为奴隶，你又怎么能自称是自由人呢？如果一个人拥有奴隶的灵魂，那么无论他拥有怎样的出身，最终都会成为奴隶，

就像水往低处流一样,不是吗?如果一个人拥有自由人的灵魂,即使遭遇不幸,他也会在自己的城邦获得同胞的尊敬,不是吗?'

"我过了一年多奴隶的生活,我和其他奴隶住在一起,但我不能成为像他们那样的人。有一天,西拉问我:'在晚上,其他奴隶都在聊天,享受彼此的陪伴,为什么只有你独自坐在帐篷里?'

"我回答:'我在思考你对我说的话。我在想自己是否拥有奴隶的灵魂。我不能加入他们,所以我只能一个人待着。'

"'我也只能一个人待着,'她向我倾诉道,'我的嫁妆很丰厚,丈夫正是为此而娶我。但他并不爱我。每个女人都想得到爱。并且,我没有生儿育女,因为这些,我只能独自坐在一旁。如果我是男人,我宁愿死也不想成为这样的奴隶,但我们部落的传统把女人变成了奴隶。'

"'现在,你怎么看我?'我突然问她,'你觉得我的灵魂像自由人一样,还是像奴隶一样?'

"'你想还清你在巴比伦欠下的债务吗?'她没有直接回答我的问题。

"'我当然想,可我不知道该怎么还。'

"'如果你心安理得地度过一年又一年,却没有付出任何努力去还债,那么你的灵魂像奴隶一样可鄙。有自尊的人绝不会这么做,也没有人会尊重一个欠债不还的人。'

"'可我正在叙利亚做奴隶,我还能怎么办呢?'

"'继续在叙利亚做奴隶吧,你这个懦夫。'

"'我不是懦夫。'我生气地反驳道。

"'那就证明你自己。'

"'怎么证明？'

"'你们伟大的国王难道不曾倾尽全部兵力、用尽一切方法抵御强敌吗？你的债务就是你的敌人，它们将你赶出了巴比伦。你没有理会它们，于是它们变得越来越强，令你招架不住。假如你像个男子汉一样与敌人战斗，也许你已经战胜敌人，并获得同胞们的尊敬了。但你没有战胜敌人的勇气，眼睁睁地看着自尊被践踏，直到你成为叙利亚的奴隶。'

"她那毫不留情的斥责一直在我的脑海中盘旋，我努力为自己找借口狡辩，想要证明自己的本质不是奴隶，但我一直没有机会说出这些借口。三天后，西拉的女仆带我去见她的主人。

"'我的母亲又生病了，'她说，'去把我丈夫的牲口棚里最好的两匹骆驼牵来。准备好长途旅行的水囊和行李。女仆会带你去厨房拿一些食物。'我整理好绑在骆驼身上的行李，女仆为我们提供的食物补给数量多到令我感到奇怪，因为她母亲的家离这里不到一日的路程。我牵着女主人的骆驼走在前面，女仆骑在后面的骆驼上跟着我们。当我们抵达她母亲家时，太阳刚落下。西拉让女仆去休息，然后对我说：

"'达巴瑟，你的灵魂属于一个自由人，还是一个奴隶？'

"'我有自由人的灵魂。'我坚持说道。

"'现在,你有机会证明你的话了。你的主人和他手下的统领们都喝得酩酊大醉,带上这些骆驼逃走吧。这个包裹里有你主人的衣服,你可以穿上它们来伪装身份。我会说你趁我看望生病的母亲时偷走骆驼逃跑了。'

"'你拥有女王般高贵的灵魂,'我对她说,'我真希望我能带你获得幸福。'

"'离家出走的妻子不会在异国他乡找到幸福,'她回答,'去寻找你自己的道路吧,这趟旅程很遥远,路上也找不到食物和水,愿沙漠之神保佑你。'

"我已经迫不及待了,在对她的好意表示感谢后,我在夜色中踏上了旅程。我不熟悉这个陌生的国度,对巴比伦的方位只有一个模糊的印象,但我鼓起勇气在沙漠中穿行,向着山丘前进。我骑着一匹骆驼,手里牵着另外一匹骆驼。我走了一整夜,第二天也没有停下,我知道偷走主人财物并试图逃跑的奴隶将面临怎样残酷的命运。

"第二天傍晚,我抵达了一处和沙漠一样荒芜的村落。粗糙的石块磨破了骆驼的脚,不久之后,这些忠诚的动物只能缓慢地拖着脚步,痛苦地往前走。我没有遇见一个人,也没有看见一头野兽,我很理解他们为什么抛弃这片无法居住的土地。

"很少有人能活着讲述接下来的故事。我和骆驼拖着沉重的脚步缓缓走了一天又一天。食物和饮水都见底了。酷热的阳光无情地照在我们身上。在第九天夜里,我从骆驼背上滑下来,甚至没有力气再爬回去,我感觉自己一定会死在这个渺无人烟的地方。

"我伸展四肢躺在地上睡着了,直到天亮才醒来。

"我坐起来,看了看四周。早晨的空气带着一丝寒意。我的骆驼们垂头丧气地躺在不远处。在我周围是一片被岩石、沙子和荆棘覆盖的废弃村庄,我看不到任何水源,也没有人和骆驼可以吃的东西。

"我将在这片寂静中迎来生命的终点吗?我的头脑比任何时候都更加清醒。我的身体现在似乎不重要了。我干裂流血的嘴唇、干燥浮肿的舌头、空空如也的肚子都不像前一天那么令我痛不欲生。

"我看向一望无际的远方,再一次想起那个问题:'我的灵魂属于一个自由人,还是一个奴隶?'我随即恍然大悟,如果我拥有的是奴隶一般的灵魂,我就会放弃求生,躺在沙漠中静静死去,这样的结局恰好适合一个逃跑的奴隶。

"然而,如果我拥有自由人的灵魂,我该怎么做?我当然会强撑下去,直到返回巴比伦,向信任我的人们还债,给真心爱我的妻子带去幸福,让我的父母享受安宁和满足。

"'你的债务就是你的敌人,它们将你赶出了巴比伦。'西拉曾说过。她说得没错。我为什么没有像个男子汉那样承担自己的责任?我为什么让妻子返回娘家?

"这时,一件神奇的事情发生了。整个世界仿佛变了一种颜色,就像我一直在透过一片彩色石头看世界,如今这片石头被拿走了。我终于看到了生命真正的价值。

"我绝不会死在沙漠里！绝不！有了新的视野后，我看清了自己必须做的事情。首先，我要重返巴比伦，勇敢面对每一个曾借钱给我的人。我要告诉他们经过多年的流浪和困境后，我终于回来了，我要拼尽全力尽快把钱还给你们。然后，我要给妻子打造一个家，我要成为一个令父母骄傲的市民。

"我的债务是我的敌人，但我的债主们却是我的朋友，因为他们相信我会还钱，他们曾经信任过我。

"我虚弱地站起来。饥饿算什么？口渴又算什么？它们只是通往巴比伦的道路上的小插曲罢了。自由人的灵魂在我的内心熊熊燃烧，我迫不及待地想要回去战胜敌人，并报答我的朋友们。这份决心令我激动不已。

"我用沙哑的声音叫醒我的两匹骆驼，我的振奋似乎传染给了它们。经过许多次努力，它们终于挣扎着站起来。它们用令人动容的毅力继续向北方前进，我的内心有个声音告诉我，巴比伦就在那里。

"我们找到了水源。我们经过一个土地更肥沃的村落，这里生长着草地和果实。我们终于找到了通往巴比伦的道路，因为拥有自由人灵魂的人会将人生视为一系列有待解决的问题，并努力解决它们，而拥有奴隶灵魂的人只会抱怨：'我只是个奴隶，我又能做什么呢？'

"塔卡德，你呢？空空的肚子有没有让你的头脑变得无比清醒？你决定踏上重新找回自尊的道路了吗？你能看到世界真正的色彩吗？你愿意诚实地偿还债务——无论你的债务负担有多么沉重——然后重新成为值得尊敬的巴比伦人吗？"

年轻人的眼眶湿润了，他急忙跪坐起来。"您让我看到了启示，我感受到自由的灵魂正在我的心中翻涌。"

"可是达巴瑟，回到巴比伦后你是怎么做的？"一个听众兴致勃勃地问。

"有志者，事竟成，"达巴瑟回答，"既然已经下定决心，我便开始寻找办法。我先是拜访了每一位债主，求他们宽限我一些时间，让我能够赚钱还债。大部分债主乐意接待我。有几个人骂了我一顿，但其他人都愿意帮我，有一个人甚至给了我最需要的帮助。他就是借贷商人马顿。他听说我曾在叙利亚照顾过骆驼，便带我去见老内巴特。他是一个骆驼商人，他刚接到国王的命令，要为远征采购大量精良的骆驼。他带我一同前去，我照顾骆驼的经验派上了很大的用场。渐渐地，我设法还清了欠下的每一分钱。我终于可以昂首挺胸地生活了，我感觉自己和其他人一样体面。"

达巴瑟的注意力又回到了食物上。"考斯科，你这只蜗牛，"他朝着厨房大声喊道，"我的餐点都凉了，给我拿些现烤的肉来，也给塔卡德拿一大块肉来，他是我的老朋友的儿子。他肚子饿了，要跟我一起吃饭。"

巴比伦的骆驼商人达巴瑟的故事讲完了。在他认清一个伟大的真理时，他便找回了自己的灵魂。这个真理在很久之前已经被聪明的人发现并运用过了。

这个真理曾经引领不同年龄的人们走出困境并获得成功，在未来，它将继续发挥作用，帮助能够理解它所蕴含的智慧与魔力的人们。任何看到这句话的人都可以发挥真理的力量。

**有志者，事竟成。**

# 10
## 巴比伦的泥版

诺丁汉郡特伦特河畔纽瓦克

诺丁汉大学圣斯威森学院

英国赴美索不达米亚希拉科学考察团

富兰克林·考德威尔（Franklin Caldwell）教授 收

1934 年 10 月 21 日

亲爱的教授：

你近期在巴比伦废墟发现的五块泥版与你的信一同抵达了。这些泥版上的文字令我无比着迷，我花了大量时间进行翻译，这是一段很愉快的过程。我本应立刻给你回信，但我决定先完成泥版的翻译再向你汇报。

多亏了你的精心保管和细致的打包，这些泥版保存完好。

读完了泥版上的故事后，你会和我们这些身处实验室的人一样惊讶。提起遥远晦涩的历史，人们总是联想到浪漫与冒险。你知道，就像《一千零一夜》中所记载的那样。但这些泥版记载的却是一个名叫达巴瑟的人是如何偿还债务的，我们意识到，五千年以来，人类的处境并不像我们所以为的那样发生了巨大的改变。

你知道，这种感觉很奇怪，用学生们的话来说，这些古老的文字竟"激怒"了我。作为一名大学教授，我本应善于思辨，并掌握大多数领域的基本知识。然而，这个来自巴比伦废墟的古人竟然为我提供了一种偿还债务的方法，我从未听说过这种方法，它在帮我还清债务的同时还能帮我赚到一些外快。

我想这真是个有趣的主意，我很想证明这个方法在当今世界是否像在古巴比伦那样行之有效。斯图博瑞夫人和我本人准备尝试用他的办法来解决我们的困扰，我们夫妻的财务状况并不理想。

祝您伟大的事业一帆风顺，热切期望再次为您提供帮助。

谨启。

阿尔弗莱德·H.斯图博瑞（Alfred H. Shrewsbury）

考古学系

## 第一块泥版

我，达巴瑟，最近刚结束了在叙利亚的奴隶生活并返回故乡，我决心偿还自己背负的众多债务，在我的故乡巴比伦成为一个有担当的男子汉，并赢得同胞们的尊敬。在这个满月之夜，我在此刻下我的计划，让这份永久记录帮助我实现崇高的目的。

在我的好朋友——借贷商人马顿——的理智建议之下，我下定决心遵守一份详细的计划。我的朋友说这份计划可以引导一切有尊严的人还清债务，成为生活无忧、充满自信的人。

这份计划包括三个目标，它们是我的希望，也是我愿意实现的。

第一，这份计划能够让我在未来变得富裕。

因此，我应当攒下收入的十分之一留给自己。马顿说得很有道理：

"口袋里装着很多不需要花掉的金币和银币的人会善待家人并忠于国王。"

"口袋里只有几枚铜板的人不关心家人也不重视国王。"

"口袋里一分钱也没有的人不会善待家人，也不会效忠国王，因为他自己的心中尚且充满痛苦。"

"所以，想要成就一番事业的人必须先把自己的钱袋装满，这样他才会全心全意地爱护家人并效忠国王。"

第二，我的妻子从娘家回到我的身边了，这份计划可以让我为心爱的妻子提供生活的保障。马顿说过，照顾好忠实的妻子可以让男人重拾自尊，并让他拥有实现目标的决心和力量。

因此，我收入的十分之七将用于养家、购买衣服和食物，其中包括少量的零花钱，从而让我们的生活不至于缺少欢乐和享受。但他也强调过，为了实现这些重要的目标，我的支出绝不能超过收入的十分之七。这是计划成功与否的关键。

我必须依靠这些预算生活，绝不能购买超出预算的东西。

## 第二块泥版

第三，这份计划让我能用自己的收入偿还债务。

在每个满月之日，我要把全部收入的十分之二公平地分给那些曾经信任过我的债主们。这样一来，我所有的债务都将按部就班地还清。所以，我在此刻下每一个债主的名字和我所亏欠的金额。

织工法路（Fahru）：2个银币，6个铜板。

长榻工匠辛扎（Sinjar）：1个银币。

我的朋友阿玛（Ahmar）：3个银币，1个铜板。

我的朋友赞卡（Zankar）：4个银币，7个铜板。

我的朋友阿斯卡莫（Askamir）：1个银币，3个铜板。

珠宝工匠哈林瑟（Harinsir）：6个银币，2个铜板。

我父亲的朋友迪亚贝克（Diarbeker）：4个银币，1个铜板。

房东阿尔卡哈德（Alkahad）：14个银币。

借贷商人马顿：9个银币。

农夫毕里吉克（Birejik）：1个银币，7个铜板。

（后续内容因泥版断裂而无法解读）

## 第三块泥版

我所拖欠的债务共计119个银币和141个铜板。由于我无法偿还这笔庞大的金额，我在一时糊涂之下让妻子回了娘家，自己则离开故乡去其他地方寻找发财致富的捷径，但我找到的只有灾难，甚至让自己沦为奴隶。

如今，马顿告诉我如何用收入的一小部分来还债，我才意识到当初逃避承担挥霍无度的后果是多么愚蠢的做法。因此，我拜访了我的债主们，向他们解释我只能利用我每月的收入来还债，我准备将全部收入的十分之二公平地用于还债。这是我能承担的最大份额。所以，如果他们愿意耐心等待，总有一天我可以还清欠下的钱。

我最好的朋友阿玛愤怒地骂了我一顿，我羞愧地离开了他的家。农夫毕里吉克请求我先还钱给他，因为他很缺钱。我的房东阿尔卡哈德实在不愿意接受我的提议，他坚持让我迅速还清欠他的钱，否则他就会找我的麻烦。

其他人都欣然接受了我的提议。因此，我的决心变得无比强烈，我坚信还债要比躲债更轻松。尽管我无法满足少数债主的要求，但我仍会公平地对待每一个人。

## 第四块泥版

又一个满月之夜到了。我怀着一颗自由的心努力工作。我的好妻子也支持我的还债计划。由于我们做出了明智的决定，上个月我帮内巴特买到了健壮的骆驼，一共赚到了19个银币。

我根据计划将这笔钱分为三份。其中的十分之一是我留给自己的钱；十分之七用于支付我和妻子的生活费用；其中的十分之二换算成铜板，尽可能平均地分给每一位债主。

我没有见到阿玛本人，只得把钱交给他的妻子。毕里吉克高兴极了，恨不得亲吻我的手背。只有老阿尔卡哈德还是不高兴，他说我必须更快还钱。我告诉他我只有先吃饱穿暖，没有后顾之忧，才能更快地还钱。其他所有人都向我表示谢意，并赞扬了我的努力。

因此，在第一个月底，我的债务几乎减少了4个银币，我还拥有了只属于自己的近2枚银币。我的心情变得比过去更加轻松。

满月之夜再次降临。这个月我工作得很勤奋，收获却很少。我买到的骆驼数量不多，只赚到了11枚银币。尽管如此，妻子和我依然坚持遵守我们的计划，我们没有购买新衣服，除了蔬菜之外几乎什么也没吃。

我从 11 枚银币中留下十分之一给自己，并用十分之七的银币来生活。在还债时，我惊讶地听到了阿玛的称赞，尽管这次还的钱并不多。毕里吉克也是如此。阿尔卡哈德勃然大怒，我告诉他如果他不想要这笔钱，可以还给我，于是他让步了。其他人和上次一样感到满意。

在下一个满月之夜，我十分高兴。我找到一群优质的骆驼，从中采购了许多匹，因此我的收入高达 42 个银币。这个月，妻子和我买了我们迫切需要的鞋子和衣服。我们的伙食也得到了改善，我们终于吃到了肉。

我们还掉了超过 8 个银币的债务，就连阿尔卡哈德也没有怨言。

这个计划太伟大了。它带领我们逐渐摆脱负债，让我们有了属于自己的财富。

自从我刻下这块石板，已经过去了三个月。每个月我都为自己攒下全部收入的十分之一。每个月妻子和我都靠着十分之七的收入来生活，即使有时候我们过得很拮据。每个月我都将十分之二的收入用于还债。

如今，我的钱袋里有了 21 个只属于我的银币。这些钱让我可以昂首挺胸地与朋友站在一起。我的妻子把家中事务打理得很好，而且把自己打扮得很体面。我们在一起生活得很幸福。

这个计划拥有无限的价值。它将一个曾经的奴隶变成了值得尊敬的人。

## 第五块泥版

满月之夜再度降临,我想起自己很久没有在泥版上做记录了。实际上,已经过去十二个月了。但今天是一个值得记录的日子,因为在这一天,我终于还清了最后一笔债。在今天,妻子和我心存感激地享受了一顿宴席,庆祝我们的目标终于实现了。

我会永远记住最后一次拜访各位债主时的情形。阿玛请求我原谅他对我说过的刻薄言辞,并表示我是他最珍惜的朋友之一。

老阿尔卡哈德原来没有那么坏心肠,他说:"你曾经是一块任凭我揉捏的烂泥,但现在你是一块坚不可摧的铁板。如果你缺钱,可以随时来找我。"

他不是唯一一个对我赞许有加的人。很多人对我的态度都变得恭敬了。妻子看我的眼神充满深情,这让我对自己更有自信了。

但为我带来成功的是这份计划。是它让我有能力偿还所有债务,并拥有了额外的储蓄。我把这份计划推荐给所有想要改善生活的人们。既然它能让一个曾经的奴隶还清欠债并拥有属于自己的财产,它当然也能帮助任何人实现财务独立,难道不是吗?我也不会就此将它束之高阁,因为我相信如果我能继续执行这份计划,我将成为一个富有的人。

诺丁汉郡特伦特河畔纽瓦克

诺丁汉大学圣斯威森学院

英国赴美索不达米亚希拉科学考察团

富兰克林·考德威尔（Franklin Caldwell）教授 收

1936 年 11 月 7 日

亲爱的教授：

　　如果你在进一步挖掘巴比伦废墟的过程中遇见了一个古巴比伦人——骆驼商人达巴瑟——的幽灵，请帮我一个忙。请你帮我转告他，他在很久以前刻下的那些泥版为他赢得了一对英格兰大学教授夫妇毕生的感谢。

　　也许你还记得我在一年前的信中提到，斯图博瑞夫人和我准备尝试用他的计划来摆脱负债，同时为自己积累一些财富。尽管我们努力向朋友隐瞒我们的处境，你或许已经猜到我们的财务状况十分窘迫。

　　多年以来，我们因为一些拖欠已久的债务而饱受羞辱。我们每天担惊受怕，唯恐一些债主会揭发我们的债务丑闻，进而将我赶出大学。我们努力从收入中挤出钱来还债，但我们总是入不敷出。除此之外，我们不得不用赊账的形式来购买所有日常用品，即使这样价格更高。

　　情况迟迟不见好转，逐渐发展成恶性循环。我们苦苦挣扎却徒劳无益。因为欠了房东钱，我们不能搬到更便宜的地方。似乎没有任何办法能够改善我们的处境。

这时，你将来自古巴比伦的骆驼商人介绍给我，同时为我带来了可以拯救我们的计划。他激起了我们的好奇心，让我们愿意尝试他的体系。我们列出了所有负债项目，并向所有债主说明了情况。

我解释了如果按照过去的做法，我永远不可能还清欠款。他们从债务清单上的数字中认清了这一点。然后，我解释了我将把收入的百分之二十用于还债，每月按比例还给他们一部分欠款，这样一来我便可以用两年多的时间还清所有债务，这是我认为唯一可行的方案。与此同时，我们会用现金付款，这么做对他们来说也有帮助。

他们都是很正派的人。我们的蔬菜店老板是一位聪明的长者，他换了一种说法向大家解释，从而让其他人都能接受。"如果你用现金购物，并且每月还一点欠款，这会比你之前做得好，因为你在过去的三年里一直在赊账购物。"

最终，我得到了所有人的签字，他们同意只要我定期偿还百分之二十的欠款，他们就不会来骚扰我们。我们下决心要为自己攒下百分之十的积蓄。积少成多的前景十分诱人。

做出这样的改变就像踏上冒险的旅程。我们享受着精打细算的生活，努力用余下百分之七十的收入过上舒适的生活。我们从房租开始下手，向房东争取到了合理的减租。下一步，我们开始检讨平时最喜欢喝的茶叶品牌等问题,并惊讶地发现原来可以用更低的价格买到质量更好的商品。

余下的故事很难在信中一一细表,无论如何,我们发现还债的过程并不艰难。我们过得很开心。我们不再被超期未付的账单逼得焦头烂额,这是多么轻松的生活啊。

不过,我必须给你讲讲我们为自己攒下的百分之十的收入。我们确实在按计划攒钱。先别笑得太早,接下来才是关键。开始把不想花掉的钱攒下来才是真正有乐趣的事情。积累财富所带来的乐趣远远超过花钱的乐趣。

在我们积累了一笔满意的储蓄后,我们发现它可以发挥更大的价值。我们开始将每月百分之十的收入用于投资。事实证明,这是我们重获新生的旅程中最令人满意的部分。每月我拿到工资后做的第一件事就是定期投资。

知道我们的投资正在稳步增长,这带给我们最大的安全感。等我从大学退休后,我的定期投资将累积到相当庞大的金额,我们夫妻可以靠投资收益过上舒适的生活。

这一切都来自我原本的工资收入。尽管令人难以置信,但我说的都是事实。我们逐渐还清了全部债务,同时我们的投资金额也在稳定增长。除此之外,我们的财务状况甚至比以前更好。谁能相信按照财务计划生活和放任自流的生活结果竟有如此巨大的差异。

到了明年年底，我们便能还清全部债务，那时，我们将有更多的钱用来投资，还能有一些盈余用来旅游。

我们决定再也不能让自己的生活开支超出总收入的百分之七十。现在，你能理解我们为什么想向那位古巴比伦人表示感谢了吧，他的计划拯救我们脱离了"人间地狱"。

他经历过这一切，他知道我们的感受。他想让其他人从他的惨痛经验当中吸取教训。这就是他花费大量时间在泥版上刻字的原因。他想为其他在痛苦中挣扎的人们提供一个真正的启示。这个启示在数千年后从巴比伦废墟当中重见天日，它所提供的情报对当今社会的重要性与被掩埋时相比毫不逊色。

谨启。

阿尔弗莱德·H.斯图博瑞

考古学系

# 11

## 巴比伦最幸运的人

巴比伦王子沙鲁·纳达（Sharru Nada）骄傲地在商队的最前方骑行。他喜欢漂亮的衣服，总是穿着精致得体的长袍。他喜欢健壮的动物，总是悠闲地骑在他的阿拉伯高头骏马上。仅凭外表，人们很难看出他年事已高，当然也不会猜到他心中的烦恼。

从大马士革返回巴比伦的沙漠之旅漫长而又艰辛。他并不在意旅程的辛苦。沙漠里的阿拉伯部落十分凶悍，随时可能打劫满载而归的商队。他也不怕他们，因为他有许多骑兵可以保护商队的安全。

令他烦恼的是他从大马士革带回来的一个年轻人，此刻他就在他的身边。这名年轻人叫哈丹·古拉（Hadan Gula），是他早年的合伙人阿拉德·古拉（Arad Gula）的孙子。他欠阿拉德一份永远无法偿还的人情，于是想为他的孙子做些什么，但他考虑得越多，事情就越是难办，问题出在这个年轻人自己身上。

他打量着年轻人的戒指和耳环，心想：这个年轻人自以为男人适合佩戴珠宝，他有着与祖父酷似的坚毅脸庞，但他的祖父没有穿过如此华丽的衣服。我确实想带他回巴比伦，他的父亲将遗产挥霍一空，我想帮他远离父亲留下的烂摊子，重新为自己开创一番事业。

哈丹·古拉打断了他的思绪："你为什么总是和车队一起踏上如此辛苦的长途旅行呢？你从不留一些时间来享受生活吗？"

沙鲁·纳达露出微笑。"享受生活？"他问道，"假如你是我，你会怎样享受生活呢？"

"假如我拥有像你一样多的财富，我会过上王子一般的生活。我绝不会在炎热的沙漠里穿行。我会把流进钱包里的每一分钱迅速花光。我会穿上最华丽的衣服，佩戴最珍贵的珠宝。那才是我喜欢的生活，那才是值得过的人生。"说完，二人都笑了。

"你的祖父可不喜欢佩戴珠宝。"沙鲁·纳达脱口而出，然后他开玩笑似的继续说道，"你难道不留些时间来工作吗？"

"工作是奴隶们的事。"哈丹·古拉回答道。

沙鲁·纳达抿紧了嘴唇，但他没有接话，只是静静地骑着马，直到他们来到一个山坡前。他在这里拉住缰绳让马停下来，指着远方的青翠山谷说："看啊，山谷就在前面。向更远处眺望，你们就能隐约看到巴比伦的城墙。那座高塔就是贝尔神殿。如果你们视力够好，也许还能看到从神殿顶端升起的永恒之火的烟雾。"

"那就是巴比伦？我一直想看看这座全世界最富有的城市，"哈丹·古拉说道，"巴比伦，我的祖父就是在这里赚到了第一桶金。假如他还活着，我们就不会如此拮据了。"

"为什么要让他的灵魂不得安息呢？你和你的父亲完全可以继承他的家业。"

"唉，我们都没有祖父的天赋。父亲和我都不知道祖父赚钱的秘诀。"

沙鲁·纳达没有回答，只是若有所思地沿着小路向山谷骑行。商队在他们身后扬起一片泛红的尘埃。过了一会儿，他们来到了国王的官道上，继续向南进入灌溉农场。

三个正在耕田的老人引起了沙鲁·纳达的注意。他们看起来有一种莫名的熟悉感。多么不可思议啊！一个人怎么可能在四十年后穿过同一片农田时看到同样的人在耕地。然而，他心中相信他们就是四十年前的故人。一个人的犁拿得不稳，另外两人费力地赶着牛耕地，他们用木板抽打着耕牛，想让它们往前走，却徒劳无益。

四十年前，他还在嫉妒他们！那时他是多么想和他们交换身份啊！可是如今，情况完全不同了。他骄傲地回头看向他的商队，精挑细选的骆驼和驴子高高地载着价值连城的大马士革商品。这一切都只是他的一部分财产。

他指着那些耕田的人说道："他们和四十年前一样，还在耕同一块地。"

"看起来是这么一回事，但你为什么知道他们在耕同一块地呢？"

"我曾经在这里遇见过他们,"沙鲁·纳达回答。回忆迅速涌上心头。为什么他不能抛弃过去,只活在当下?这时,他仿佛看见了阿拉德·古拉正朝他微笑,一切都栩栩如生。他与身边这位愤世嫉俗的年轻人之间的隔阂终于消失了。

但他要如何帮助一个挥霍无度、披金戴银的傲慢青年呢?他可以为很多想要干活的人提供工作,但如果对方不屑于工作,他什么忙也帮不上。但他欠阿拉德·古拉的人情让他必须做些什么,他不能半途而废。他和阿拉德·古拉做事从不半途而废。他们不是那种没有毅力的人。

他灵机一动,想出了一个计划。他会遭遇一些障碍。他必须考虑到他的家庭和立场。这个计划会很残忍,也许会造成伤害。但他是个果断的人,他决定顶住压力执行这个计划。

"你有兴趣了解你的祖父和我是怎样组成搭档并赚到很多钱吗?"他问道。

"为什么不直接告诉我你赚钱的方法呢?我只想知道这个。"年轻人岔开话题。

沙鲁·纳达没有理会他的回答,继续说道:"我们的出身和那些种田的人一样。那时候,我的年纪并不比你大。我和一群人被锁链绑在一起,我们列队从这里经过时,绑在我旁边的老美吉多(Megiddo)看到他们耕田时的敷衍,不屑地向我抱怨:'看看这群懒汉,掌犁的人完全没有花力气深耕,赶牛的人也没让牛沿着犁沟耕田。既然他们在耕田时这么不认真,又怎么能期待有个好收成呢?'"

"你说美吉多被绑在你身边？"哈丹·古拉惊讶地问。

"是啊，我们的脖子上套着铜项圈，身上绑着沉重的锁链。拴在他另一边的是扎巴多（Zabado），他偷了别人的羊。我在哈让（Harroun）认识的他。绑在队伍最末尾的人不肯告诉我们他的名字，于是我们叫他'海盗'。我们猜他是个水手，因为他的胸前像水手一样文着相互盘绕的大蛇。队列中的人以每四人一组的形式前进。"

"你像奴隶一样身上绑着锁链？"哈丹·古拉不可思议地问道。

"你的祖父没有告诉过你，我以前是个奴隶吗？"

"他经常提起你的事，但从没提到这个。"

"他是个值得信赖的人，我可以把最深的秘密告诉他。你也是值得我信赖的人，对吗？"沙鲁·纳达直视着他的眼睛问道。

"我会为你保守秘密，但我很惊讶。告诉我，你是怎么成为奴隶的？"

沙鲁·纳达耸了耸肩膀："任何人都有可能成为奴隶。让我陷入灾难的元凶是赌博和酗酒。我的哥哥行为不端，因此害了我。他在一场斗殴中杀死了他的朋友。我的父亲不惜一切想要帮助哥哥免于被起诉，于是他把我卖给了那位寡妇。父亲没能筹到钱替我赎身，于是愤怒的寡妇将我卖给奴隶贩子。"

"多么耻辱啊，这太不公平了！"哈丹·古拉愤愤不平地说，"可是告诉我，你是怎么重获自由的？"

"之后我会告诉你的，现在先等一下，让我继续讲我的故事。我们这群奴隶经过时，耕地的农夫们在嘲笑我们。一个人摘下了破破烂烂的帽子，向我们鞠了一躬后大声说道：'国王的客人们，欢迎来到巴比伦。国王在城墙上等着迎接你们，宴席已经准备好了，有泥块和洋葱汤。'其他人听到，都大声笑了起来。

"'海盗'怒不可遏地高声咒骂他们。'他们为什么说国王在城墙上等候我们？'我问他。

"接下来你会一直往城墙运送砖块，直到你累死为止。也许你在累死之前会先被他们打死，但他们不敢打我，我会杀了他们。

"这时，美吉多开口说道：'我觉得主人把努力工作的听话奴隶打死是没有道理的。主人喜欢好奴隶，并且会善待他们。'

"'谁愿意努力工作？'扎巴多说，'那些耕田的农夫很聪明。他们才不会累死，他们只是在假装自己很辛苦。'

"'逃避不会使人进步的，'美吉多不以为然，'如果你一天耕了一公顷地，任何主人都会知道你努力了。但如果你只耕了半公顷，这就是逃避责任。我不会逃避的，我喜欢工作，我也喜欢把工作做好，因为工作是最好的朋友。我曾拥有过的一切美好事物都是工作为我带来的，我的农场、奶牛、庄稼，所有曾属于我的东西。'

"'是啊，可是现在那些东西去哪儿了？'扎巴多不屑地说，'我觉得还是做个聪明人比较划算，工作应付了事就可以了。你看我扎巴多，如果我们被卖去修城墙，我就会去背水囊，或者干点其他轻松的活儿。而你这个喜欢工作的人会去搬砖头，被繁重的体力活累死。'他发出傻乎乎的笑声。

"那天晚上我害怕极了。我睡不着。我爬到守卫的绳子附近,其他人还在睡觉,但正在站第一班岗的哥多索(Godoso)注意到我。他是那伙阿拉伯强盗中的一员,是一个彻头彻尾的恶棍,不仅抢劫,还会杀人灭口。

"'哥多索,告诉我,'我低声说道,'等我们到了巴比伦,你们会把我们卖去修城墙吗?'

"'你为什么问这个?'他警惕地质问我。

"'你不明白吗?'我恳求道,'我还年轻。我想活下去。我不想在城墙脚下累死,也不想被打死。我有机会找到一个好心的主人吗?'

"他低声回答:'你是个好家伙,没有给我哥多索添麻烦。我告诉你吧,大多数时候,我们会先去奴隶市场。仔细听好,等买家来了,就说你很擅长干活儿,你愿意为好心的主人拼命工作,让他们想要买你。如果没有人愿意买你,第二天你就会去搬砖头,那可是苦差事。'

"在他离开后,我躺在暖烘烘的沙地上,一边看星星,一边思考工作的事。美吉多说工作是他最好的朋友,我不禁好奇工作是否也会成为我最好的朋友。如果工作能帮我摆脱死亡的厄运,它一定会成为我的好朋友。

"美吉多醒来后,我小声将这个好消息告诉他。它为我们带来了一丝希望,我们继续向巴比伦前进。傍晚时分,我们走到城墙附近,可以看到一排排人群像黑色的蚂蚁似的,沿着陡峭的斜坡爬上爬下。走近后,我们惊讶地看到上千人正在劳作。一些人在挖护城河,另一些人在把泥土做成泥砖。数量最多的是搬运砖块的人,他们背着巨大的筐子,沿着陡峭的小路把砖块运到泥瓦匠那里。

"监工大骂落在后面的人,用牛鞭抽打掉队者的脊背。那些筋疲力尽的可怜人步履蹒跚,被重担压倒,再也爬不起来。如果监工的鞭打无法让他们站起来,他们就会被丢到一旁,躺在地上痛苦地翻滚。很快,他们会被拖到路边蜷缩的尸体堆里,等着被埋进死人坑。我一边看着这恐怖的景象,一边瑟瑟发抖。如果我不能在奴隶市场找到一个好主人,这就是我的下场。

"哥多索说得对。我们被领进城门,带到奴隶监狱。第二天早晨,我们被带去市场。其他人恐惧地挤成一团,只有守卫的鞭子能让他们走到前面供买家检视。美吉多和我急切地与每一个愿意听我们讲话的人交谈。

"奴隶贩子把国王的卫兵带来,卫兵们给'海盗'戴上镣铐,只要他一反抗就会被狠狠地打一顿。他们把他带走了,我为他感到难过。

"美吉多预感我们将很快分开。在没有买家靠近时,他急忙再三叮嘱我工作的重要性:'有人讨厌工作,他们把工作视为敌人。最好把工作当成朋友,逐渐喜欢上它。别在意工作有多么艰辛。如果你心中想的是你建造的房屋有多么气派,那么谁还会在意房梁有多重、去井边打水和泥的路有多遥远呢。孩子,答应我,如果有主人买下你,你要拼尽全力为他工作。即使他不欣赏你的劳动,也不要在意。记住,努力工作对人有好处。工作使人进步。'这时,他的话打住了。一个身材结实的农场主来到奴隶围场，上下打量着我们。

"美吉多向他请教他的农场和庄稼的情况，很快便说服他买下了自己。农场主与奴隶贩子进行了一番激烈的讨价还价后，从长袍里掏出一个鼓鼓囊囊的钱袋，很快，美吉多便跟着新主人离开了。

"那天早晨，还有几个奴隶也被买走了。到了中午，哥多索悄悄告诉我，奴隶贩子已经不耐烦了，他不想在这里过夜，他准备把日落后剩下的所有奴隶都卖给国王的买办。我开始感到绝望，这时，一个和蔼的胖子走过来，问我们之中有没有人会做糕点。

"我走上前去对他说道：'像您这样优秀的糕点师为什么要找一个手艺不如您的糕点师呢？把您的手艺教给像我一样虚心好学的人不是更好吗？您看，我很年轻，身体强壮，而且我喜欢工作。给我一个机会，我会竭尽全力为您赚钱。'

"他被我的诚意打动，开始和奴隶贩子讲价。自从买下我后，这个奴隶贩子从未注意过我，如今他却夸夸其谈地描述我的能力、健康和修养。我觉得自己就像被卖给屠夫的一头肥牛。让我欣慰的是，这笔交易终于做成了。我跟着新主人离开这里，我觉得自己是巴比伦最幸运的人。

"我很喜欢我的新家。我的主人纳纳奈德（Nana-naid）教我如何用院子里的石臼将大麦磨成粉，如何点燃炉火，以及如何把芝麻粉磨得极细，制作蜂蜜蛋糕。我在他的储藏室里拥有一个床位。老奴隶管家斯瓦斯提（Swasti）给了我很多好吃的，她很高兴我能帮她干重活儿。

"我期盼已久的机会来了，我可以向主人证明自己的价值，我想用这种方法为自己争取自由。

"我让纳纳奈德教我如何揉面。他对我的好学感到很满意，于是教了我。等我能把揉面做好后，我让他教我制作蜂蜜蛋糕，很快，我就承包了所有的烘焙工作。我的主人乐得清闲，但斯瓦斯提不以为然地摇着头，'无所事事对任何人来说都不好。'她宣称。

"我认为时机已经成熟了，我应该开始想办法赚钱为自己赎回自由。由于烘焙工作到中午就做完了，我认为纳纳奈德会同意让我在下午去找工作赚钱，我愿意和他分享我的收入。于是我突然想到，为什么不多做一些蜂蜜蛋糕，然后去街上卖给饿肚子的人们？

"我这样向纳纳奈德讲述我的计划：'如果我烤完蛋糕后，利用下午的时间去替你挣钱，然后我们分享我的收入，这样一来我就能有钱购买必需品和我想要的东西了，你觉得这样公平吗？'

"'很公平，很公平。'他承认。等我向他描述了去街上叫卖蛋糕的计划后，他表示很满意。'我们可以这么做，'他提议道，'你按照一个铜板两块蛋糕的价格出售，然后我会用其中的半个铜板来支付面粉、蜂蜜和烧火用的木材的成本。剩下的半个铜板，我们一人分一半。'

"他慷慨的提议打动了我，我可以拥有营业收入的四分之一。那天晚上，我工作到深夜，做了一个可以装蛋糕的托盘。纳纳奈德给了我一件他的旧长袍，让我看起来能体面一些，斯瓦斯提帮我把它缝补好，又把它洗得干干净净。

"第二天，我多做了一些蜂蜜蛋糕。摆在托盘上的棕色蛋糕看起来令人垂涎三尺，我拿着蛋糕走街串巷，大声吆喝着。一开始似乎没有人要买，我有些垂头丧气。随着我持续地叫卖，接近傍晚时，人们开始感觉到饿了，蛋糕变得抢手，很快我的托盘被一扫而光。

"纳纳奈德对我的成功感到很高兴，他心甘情愿地把我应得的收入给了我。我很高兴自己终于有钱了。美吉多曾说过主人会欣赏勤奋工作的奴隶，他说得对。那天晚上，我兴奋得睡不着，我试图计算自己在一年的时间里能赚多少钱，我需要几年时间才能赎回自由。

"每一天，我都带着装满蛋糕的托盘沿街叫卖，很快我拥有了一批熟客。其中一位熟客正是你的祖父阿拉德·古拉。他是个贩卖地毯的商人。他领着一个黑奴，黑奴牵着载满地毯的毛驴，他们从城市的一头走到另一头，挨家挨户向主妇们推销地毯。他会给自己和他的奴隶各买两块蛋糕，他总是边吃蛋糕边和我聊天。

"有一天，你的祖父对我说了一段令我铭记终生的话：'孩子，我喜欢你的蛋糕，但我更喜欢你卖蛋糕时的进取心。这种精神可以指引你获得成功。'

"我孤身一人在大城市中生存，拼尽一切想要摆脱做奴隶的屈辱。哈丹·古拉，你又怎能理解这些鼓励的话语对一个奴隶男孩来说意味着什么呢？

"接下来的几个月里，我为自己赚到的钱越来越多。我的钱袋沉甸甸地挂在腰间，这种感觉令我欣慰。工作确实成了我最好的朋友，就像美吉多所说的那样。我很开心，但斯瓦斯提却愁眉不展。

"'你的主人在赌场里消磨的时间太久了,我很担心。'她不满地说。

"有一天,我惊喜地在街上遇见了我的朋友美吉多。他正牵着三头载满蔬菜的毛驴去市场。'我干得很不错,'他说,'我的主人很欣赏我的勤奋,现在我是工头了。你瞧,他放心地把去市场卖菜的工作交给我,而且他愿意把我的家人接过来。工作正在帮我摆脱最大的麻烦。总有一天,我能用工作赚来的钱赎回自由,重新拥有属于自己的农场。'

"一段时日过去了,纳纳奈德越来越迫不及待地等着我赚钱回来。他会一直等我,我回来后他便兴奋地点数收入,然后和我分钱。他还会催我去寻找更多顾客,增加卖蛋糕的收入。

"我经常走到城门外,求那些奴隶们的监工买我的蛋糕。我讨厌回到这个让人不愉快的地方,但这些监工很大方。有一天,我惊讶地看到扎巴多正在排队等待往篮子里装砖块。他身体佝偻,面容憔悴,背上全是被监工毒打留下的伤痕。我为他感到难过。我递给他一块蛋糕,他狼吞虎咽地把蛋糕塞进嘴里,就像一头饥饿的野兽。我看到他露出贪婪的目光,急忙在他抢走我的托盘之前跑掉了。

"'你为什么这么卖命地工作呢?'阿拉德·古拉有一天问我。这个问题几乎和你今天问的问题一样,你还记得吗?我将美吉多告诉我的话转告给他,我告诉他工作是我最好的朋友。我骄傲地向他展示装满铜板的钱袋,并告诉他我要攒钱为自己赎回自由。

"'等你自由了,你要做什么?'他问道。

"'那时候,'我回答,'我想成为一个商人。'"

"听到我的回答，他向我坦白说道：'你还不知道，我也是奴隶。我在和我的主人合伙做生意。'听完后我大吃一惊。"

"等等，"哈丹·古拉说，"我绝不允许谎言玷污我祖父的名誉。他才不是奴隶。"他的眼中燃烧着怒火。

沙鲁·纳达依旧保持冷静。"他从厄运中重新站起来，成为大马士革的杰出市民，我很敬佩他。你是他的孙子，你们是同一类人吗？你是否有面对真相的勇气，还是说你情愿生活在虚假的幻想里？"

哈丹·古拉在马背上挺直了腰。他压抑着强烈的情感，用颤抖的声音回答道："我的祖父受到所有人的爱戴。他一生做过无数好事。在饥荒的年岁，他从埃及采购粮食，用商队把粮食运到大马士革并分给大家，正因如此才没有人饿死，难道不是吗？现在，你却说他曾经在巴比伦当过受人鄙视的奴隶。"

"假如他一直在巴比伦做奴隶，他才会被人鄙视，但他通过自己的努力成为大马士革的伟人。众神收回了降临在他身上的灾厄，并向他致以敬意。"沙鲁·纳达回答道。

"他告诉我他是个奴隶之后，"沙鲁·纳达继续说道，"他向我讲述了他曾是多么想要早日重获自由。但现在他已经有足够的钱可以赎身，他却不知道该怎么办了。他的生意变得不太顺利，所以他很担心失去主人的支持。

"我不赞同他的优柔寡断：'别再依赖你的主人了。重新找回做自由人的感觉吧。你要像个自由人那样做，才会像个自由人那样获得成功！

好好想想你的目标是什么，然后工作会帮助你实现这个目标！'他继续赶路了，临走前说他很高兴，我的话让他为自己的懦弱感到羞愧。

"有一天，我又去城门外做生意，我惊讶地看到一群人聚在一起。我向其中一人打听发生了什么，他回答道：'你还没听说吗？一个奴隶杀死守卫逃走了，后来他被抓住并判处死刑，今天他会在这里被鞭打至死。就连国王本人也会驾临现场。'

"行刑地周围被挤得密不透风，我担心蛋糕会被挤坏，于是没有靠近人群。我爬上还没完工的城墙，居高临下地观望着人群。我幸运地看到尼布甲尼撒国王坐着黄金战车从我面前经过。我从未见过如此盛大的场面，也从未见过如此华丽的衣饰、金色的长袍和天鹅绒帘布。

"尽管我看不到行刑的场面，但我能听见那个可怜奴隶的惨叫声。我不知道像我们国王这样尊贵的人竟然能忍受观看如此残忍的场面，然而当我看到他正和其他贵族一起谈笑风生时，我便知道他其实是个残忍的人，我也明白了为什么他会下如此残忍的命令，让奴隶们去修建城墙。

"在那个奴隶死后，他的尸体被绳子系在一根杆子上高高挂起，让所有人都能看见。人群逐渐散开，我走上前去。我看到那名奴隶毛茸茸的胸前有着缠绕在一起的大蛇文身。那是'海盗'的尸体。

"下一次遇见阿拉德·古拉时，他的身份已经不一样了。他高兴地向我打招呼：'你瞧，过去你认识的那个奴隶已经是自由人了。你的话给了我力量。我的生意越来越好，收入越来越多了。我的妻子高兴极了。她是一个自由人，是我主人的侄女。她很希望我们能搬去一个新的城市，在那里，没有人会知道我曾经是奴隶。这样一来，我们的孩子就不会因为父亲曾遭遇过不幸而受人非议了。工作为我提供了最大的帮助，它让我重新找回自信，也让我掌握了销售的技巧。'

"我很高兴自己能为他尽一点微薄之力，这是为了报答他曾经给我的鼓励。

"一天夜里，斯瓦斯提无比焦虑地来找我说：'你的主人有麻烦了，我为他担心。几个月前，他在赌场输了很多钱。他没有钱向农夫购买面粉和蜂蜜了，他也没有钱还债，债主们都很生气地威胁他还钱。'

"'为什么我们要为他的愚蠢而担忧？我们又不是他的管家。'我漫不经心地回答。

"'愚蠢的年轻人啊，你不明白。他用你做抵押向借贷商人借款。根据法律规定，债主可以拥有你，也可以卖掉你。我不知道该怎么办，他是个好主人。为什么会这样？为什么他会遇到这些麻烦？'

"斯瓦斯提的担忧并非毫无根据。第二天，我正在烤蛋糕时，借贷商人带着一个叫萨西（Sasi）的人来找我。萨西打量了我一番，然后说可以。

"借贷商人没有等我的主人回来，而是让斯瓦斯提转告主人，他把我带走了。我还没烤完蛋糕，他们便催促我离开这里，我的随身物品只有身上的衣服和挂在腰间的钱袋。

"我的心仿佛沉进了海底，我的希望破灭了。赌博和酗酒再一次使我陷入灾难。

"萨西是个有话直说的粗人。当他带着我在城市中穿行时,我向他讲述了我为纳纳奈德做过的工作,并说我也想为他好好工作。他的回答却很冷淡:

"'我不喜欢这种工作,我的主人也不喜欢。国王让我的主人负责修建一段运河。主人派我采买更多的奴隶,让他们赶紧把活儿干完。唉,谁又能快速建完这么大的工程呢?'

"你可以想象一片沙漠,沙漠中只有低矮的灌木,烈日把桶里的水晒得滚烫,简直没办法饮用。然后想象一群人没日没夜地运送装满泥土的筐子。想象我们在敞口水槽边像猪一样吃饭。我们没有帐篷,没有稻草床,这就是我当时的处境。我把钱袋埋在一个做了标记的地方,不知道自己是否还有机会把它挖出来。

"一开始,我很卖力地干活,但随着时间流逝,我的精神开始垮掉了。我在疲劳之下染上了热病。我没有胃口,几乎连羊肉和蔬菜也吃不下。到了晚上,我因失眠而辗转反侧。

"在痛苦中,我开始怀疑扎巴多的话才是最有道理的——逃避工作,以免被累死。然后我想起最后一次见到他时的情形,我才意识到他说得不对。

"我想起凶悍的'海盗',犹豫自己是否应该奋起反抗。但一想到他那血淋淋的尸体我便放弃了这个计划。

"随后,我想起最后一次见到美吉多时的情景。他的双手布满老茧,但他的内心十分轻松,他的脸上洋溢着幸福。他的计划才是最好的。

"我和美吉多一样乐意工作,他不可能比我更勤劳。但为什么工作没有为我带来快乐和成功?究竟是工作为美吉多带来幸福,还是说幸福和成功都只是众神的恩赐而已?我的余生都将在工作中度过,我却得不到我想拥有的幸福和成功吗?我的脑海中充满这些问题,我却找不到答案。其实,我只是一筹莫展。

"几天后,我的忍耐已经到了极限,而我的问题仍没有答案,这时萨西让我去见他。我的主人派了一名使者把我带回巴比伦。我挖出了珍藏的钱袋,穿上残破不堪的衣服上路了。

"在路上,这些问题仍在我的脑海中盘旋。我想起故乡哈让的一首歌谣:

**人如浮萍,**

**风中飘摇,**

**命途多舛,**

**世事难料。**

"我注定要永远接受命运的惩罚吗?未来还有怎样的灾祸在等着我呢?

"我们抵达了主人家的院子,我惊讶地看到阿拉德·古拉正在等候我。他扶我下马,像失散已久的兄弟一样抱住我。

"我像一个奴隶追随主人那样跟在他身后,但他不许我这样做。他搂着我说道：'我到处找你，几乎放弃希望时，斯瓦斯提告诉我你被债主变卖了。我找到了你的买主，他要价很高，但你值得我这么做。你的道理和你的精神给了我开拓新事业的勇气。'

"那是美吉多的道理，不是我的。"我说。

"'感谢美吉多和你的道理。我们要去大马士革，我需要你来当我的搭档。'他高声宣布，'很快你就是自由人了！'说着，他从长袍里掏出一块泥版，那是我的卖身契。他把泥版高举过头，然后把它摔成碎片。他笑着把那些碎片踩成泥灰。

"我流下了感激的泪水。我知道自己是巴比伦最幸运的人。

"你看，在我最痛苦的时候，工作确实成了我最好的朋友。我对工作的热爱让我躲过了修城墙的苦役，并且吸引了你的祖父，使他选择我成为搭档。"

这时，哈丹·古拉问道："工作就是祖父致富的秘诀吗？"

"这是他在早期唯一的秘诀，"沙鲁·纳达回答道，"你的祖父热爱工作。众神欣赏他的勤劳，赐予他丰厚的奖励。"

"我开始明白了，"哈丹·古拉若有所思地说，"工作为他引来许多朋友，大家都欣赏他的进取心，所以他才会成功。工作为他带来了荣誉，工作赐予他我所羡慕的一切。我还以为只有奴隶才需要工作。"

"生活中充满了各种快乐，"沙鲁·纳达说道，"每种快乐都有意义。我很高兴工作不是专属于奴隶的。如果是这样，我就会失去最大的快乐。对我来说，什么也无法取代工作。"

沙鲁·纳达和哈丹·古拉在黑暗中朝着巴比伦的大门骑行。到了大门前时,守卫提高警觉,向他们行了个礼。沙鲁·纳达昂首挺胸,带领商队走进大门,走在城市的街道上。

"我一直想成为祖父那样的人,"哈丹·古拉向他承认道,"以前,我从未真正了解他是怎样的人。现在我明白了,我更加敬佩他,也更想成为他。我恐怕永远无法回报你的恩情。从今往后,我会运用祖父的秘诀。我要像他一样从平凡的工作做起,那比珠宝和华服更适合我。"

说着,哈丹·古拉摘下了耳饰和戒指。然后恭敬地骑马跟在商队领袖身后。